О дево  ку
И посл
Про то
В откр

CW01498674

И стоило мне приумолкнуть устало:
Закончу, мол, в следующий раз,
Как детская стайка лукаво кричала:
«Вот он наступает сейчас!»

И вновь ручеек пересохший фантазий
Течет полноводной рекой...
Возьми эту книгу, Алиса, и в детство
Волшебную дверцу открой!

Chapter I

Down the Rabbit-Hole
Сквозь кроличью нору

Alice *was beginning to get very tired of sitting by her sister on the bank*, and of having nothing to do: once or twice she had peeped into the book her sister was reading, but it had no pictures or conversations in it, '*and what is the use of a book*,' thought Alice, 'without pictures or conversation?'

So she was considering in her own mind (as well as she could, for the hot day made her feel very sleepy and stupid), whether the pleasure of making a daisy-chain *would be worth the trouble of* getting up and picking the daisies, when suddenly a White Rabbit with pink eyes ran close by her.

There was nothing so VERY remarkable in that; nor did Alice think it so VERY much out of the way to hear the Rabbit say to itself, 'Oh dear! Oh dear! I shall be late!' (when she thought it over afterwards, it occurred to her that *she ought to have wondered at this*, but at the time it all seemed quite natural); but when the Rabbit actually TOOK A WATCH OUT OF ITS WAISTCOAT-POCKET, and looked at it, and then hurried on, Alice started to her feet, for *it flashed across her mind that* she had never before seen a rabbit with either a waistcoat-pocket, or a watch to take out of it, and burning with curiosity, she ran across the field after it, and fortunately was just in time to see it pop down a large rabbit-hole under the hedge.

Билингва
слушаем, читаем,
понимаем

Льюис Кэрролл
Алиса в Стране чудес

Lewis Carroll
Alice in Wonderland

МОСКВА
2015

УДК 811.111(075)
ББК 81.2Англ-9
К 98

Все права защищены. Книга или любая ее часть не может быть скопирована, воспроизведена в электронной или механической форме, в виде фотокопии, записи в память ЭВМ, репродукции или каким-либо иным способом, а также использована в любой информационной системе без получения разрешения от издателя. Копирование, воспроизведение и иное использование книги или ее части без согласия издателя является незаконным и влечет уголовную, административную и гражданскую ответственность.

Перевод с английского *А.Н. Рождественской*

Составление упражнений, словаря и комментариев *Е. Карпенко*

Иллюстрации *Е. Пуляевой*

Дизайн обложки *Юрия Щербакова*

В оформлении обложки использована иллюстрация Артура Рэкема

Кэрролл Л.

К 98   Алиса в Стране чудес : [парал. текст на англ. и рус. яз. : учебное пособие] / Льюис Кэрролл ; [пер. стихов с англ. Е. В. Кайдаловой, пер. с англ. А. Н. Рождественской ; словарь, упражнения, комментарии Е. В. Карпенко ; ил. Е. В. Пуляевой]. – М. : Эксмо, 2015. – 272 с. : ил. : + 1 CD-Rom. – (Билингва. Слушаем, читаем, понимаем).

Предлагаемый комплект из книги и аудиодиска поможет вам усовершенствовать знание английского языка. Вы сможете познакомиться с приключениями всеми любимой героини знаменитой сказки Льюиса Кэрролла на языке оригинала и улучшить навыки чтения, сравнивая английский текст с русским переводом. Для облегчения понимания текста и совершенствования знаний английского предлагаются упражнения и словарь.

Аудиодиск с записью оригинального текста, поможет развить навыки восприятия на слух английской речи. Также вы сможете прослушать сказку и на русском языке в классическом переводе и сопоставить английскую и русскую версии.

Книга предназначена старшим школьникам, абитуриентам, студентам, преподавателям, а также всем, кто изучает английский язык самостоятельно.

УДК 811.111(075)
ББК 81.2Англ-9

Ответственный редактор *Н. Уварова*. Редактор *Е. Мирославская*
Художественный редактор *Ю. Щербаков*. Верстка *А. Плиско*
Корректор *К. Варавина*

Сведения о подтверждении соответствия издания согласно законодательству РФ о техническом регулировании можно получить по адресу: http://eksmo.ru/certification/

ООО «Издательство «Эксмо»
123308, Москва, ул. Зорге, д. 1. Тел. 8 (495) 411-68-86, 8 (495) 956-39-21.
Home page: **www.eksmo.ru**   E-mail: **info@eksmo.ru**

Өндіруші: «ЭКСМО» АҚБ Баспасы, 123308, Мәскеу, Ресей, Зорге көшесі, 1 үй.
Тел. 8 (495) 411-68-86, 8 (495) 956-39-21
Home page: www.eksmo.ru   E-mail: info@eksmo.ru.
Тауар белгісі: «Эксмо»
Қазақстан Республикасында дистрибьютор және өнім бойынша
арыз-талаптарды қабылдаушының
өкілі «РДЦ-Алматы» ЖШС, Алматы қ., Домбровский көш., 3«а», литер Б, офис 1.
Тел.: 8 (727) 2 51 59 89,90,91,92, факс: 8 (727) 251 58 12 вн. 107; E-mail: RDC-Almaty@eksmo.kz
Өнімнің жарамдылық мерзімі шектелмеген.
Сертификация туралы ақпарат сайтта: www.eksmo.ru/certification

Подписано в печать 10.07.2015. Формат 60x90 $^1/_{16}$.
Печать офсетная. Усл. печ. л. 17,0.
Доп. тираж 2000 экз. Заказ 1113/15.

Отпечатано в соответствии с предоставленными
материалами в ООО "ИПК Парето-Принт",
170546, Тверская область, Промышленная зона
Боровлево-1, комплекс № 3А, www.pareto-print.ru

6+

ИНТЕРНЕТ-МАГАЗИН

ЭКСМО

shop.eksmo.ru

ISBN 978-5-699-61413-4

9 785699 614134 >

ISBN 978-5-699-61413-4

© Кайдалова Е.В., перевод стихов на русский язык, 2009
© ООО «Издательство «Эксмо», 2015

Contents

ALL in the golden afternoon
  Full leisurely we glide;
For both our oars, with little skill,
  By little arms are plied,
While little hands make vain pretence
  Our wanderings to guide.

Ah, cruel Three! In such an hour
  Beneath such dreamy weather,
To beg a tale of breath too weak
  To stir the tiniest feather!
Yet what can one poor voice avail
  Against three tongues together?

Imperious Prima flashes forth
  Her edict "to begin it":
In gentler tones Secunda hopes
  "There will be nonsense in it!"
While Tertia interrupts the tale
  Not more than once a minute.

Anon, to sudden silence won,
  In fancy they pursue
The dream-child moving through a land
  Of wonders wild and new,
In friendly chat with bird or beast —
  And half believe it true.

Мы медленно плыли. Чуть двигалась лодка
По глади зеркальной реки,
А руль наш вертелся то вправо, то влево,
Не слушаясь детской руки.

Гребли непоседы мои как придется,
Мечтая о чем-то другом,
А брызги взлетали, сверкая на солнце
И падали, *искрясь*, кругом.

С высокого неба палило нещадно,
Был воздух так зноен и тих...
И вдруг меня спутники просят о сказке,
О сказке волшебной для них.

В такую жару? Не могу! Но не в силах
Противиться трем голоскам,
Я начал рассказывать чудные вещи
И верить в них, кажется, сам.

And ever, as the story drained
    The wells of fancy dry,
And faintly strove that weary one
    To put the subject by,
"The rest next time —" "It is next time!"
    The happy voices cry.

Thus grew the tale of Wonderland:
    Thus slowly, one by one,
Its quaint events were hammered out —
    And now the tale is done,
And home we steer, a merry crew,
    Beneath the setting sun.

Alice! A childish story take,
    And with a gentle hand,
Lay it where Childhood's dreams are twined
    In Memory's mystic band,
Like pilgrim's wither'd wreath of flowers
    Plucked in a far off land.

Алисе *надоело сидеть на пригорке, рядом с сестрой*, и ничего не делать; раза два заглянула она украдкой в книгу, которую читала ее сестра, но там не было ни разговоров, ни картинок. «*А какой же толк в книге*, — подумала Алиса, — если в ней нет ни картинок, ни разговоров?»

Потом она стала раздумывать (насколько это было возможно, так как в этот невыносимо жаркий день она чувствовала себя сонной и усталой), *стоит ли* вставать, идти за ромашками и рвать их, чтобы сплести из них венок, или нет? И вдруг в этот момент мимо нее проскакал белый кролик с красными глазками.

В этом не было, конечно, ничего особенного. Не удивилась Алиса даже и тогда, когда кролик пробормотал про себя:

— Ах, батюшки, я опоздаю!

Думая об этом впоследствии, *Алиса не понимала, как могла она не удивиться, услыхав, что кролик заговорил*; но в тот момент это не показалось ей странным. Однако, когда кролик вынул из жилетного кармана часы и, взглянув на них, побежал дальше, Алиса вскочила, *сообразив*, что никогда еще не случалось ей видеть кролика в жилете и с часами. Сгорая от любопытства, она бросилась за ним и успела заметить, как он нырнул в большой лаз, который вел в его норку под живой изгородью.

In another moment down went Alice after it, *never once considering how in the world* she was to get out again.

The rabbit-hole went straight on like a tunnel for some way, and then dipped suddenly down, so suddenly that Alice had not a moment to think about stopping herself before she found herself falling down a very deep well.

Either the well was very deep, or she fell very slowly, for she had plenty of time as she went down to look about her and to wonder what was going to happen next.

First, she tried to look down and make out what she was coming to, but it was too dark to see anything; then she looked at the sides of the well, and noticed that they were filled with cupboards and bookshelves; here and there she saw maps and pictures hung upon pegs. She took down a jar from one of the shelves as she passed; *it was labelled* 'ORANGE MARMALADE', but to her great disappointment it was empty: she did not like to drop the jar for fear of killing somebody, so managed to put it into one of the cupboards as she fell past it.

'Well!' thought Alice to herself, 'after such a fall as this, I shall think nothing of tumbling down stairs! How brave they'll all think me at home! *Why, I wouldn't say anything about it*, even if I fell off the top of the house!' (Which was very likely true.)

Down, down, down. *Would the fall NEVER come to an end!* 'I wonder how many miles I've fallen by this time?' she said aloud. 'I must be getting somewhere near the centre of the earth. Let me see: that would be four thousand miles down, I think...' (for, you see, Alice had learnt several things of this sort in her lessons in the schoolroom, and though this was not a VERY good opportunity for showing off her knowledge, as there was no one to listen to her, *still it was good practice to say it over*) 'yes, that's about the right distance — but then I wonder what Lati-

В ту же минуту Алиса нырнула вслед за ним, *даже не подумав о том*, как она выберется оттуда.

Кроличья норка шла сначала прямо и была похожа на темную пещеру; дальше эта пещера круто обрывалась и при том так неожиданно, что не успела Алиса опомниться, как полетела куда-то вниз, точно в глубокий колодец.

Он, наверное, был уж очень глубок, или же Алиса падала слишком медленно, но только она вполне успела осмотреться и поразмыслить о том, что будет дальше.

Сначала она поглядела вниз, но там было так темно, что невозможно было ничего разглядеть. Тогда она оглянулась по сторонам колодца; на них было много шкафов с книгами и полок с посудой, а кое-где висели по стенам географические карты и картины. Пролетая мимо одной полки, Алиса схватила стоявшую на ней банку. На банке был *приклеен бумажный ярлычок с надписью*: «Апельсинный мармелад»; однако, к величайшему огорчению Алисы, банка была пуста. Сначала она хотела бросить ее, но, побоявшись попасть кому-нибудь в голову, ухитрилась поставить ее на другую полку, когда пролетала мимо нее.

«После такого падения, — думала Алиса, — мне уже не страшно будет упасть с лестницы. И дома меня, наверное, будут считать очень смелой. Мне кажется, что если бы я свалилась с крыши даже самого высокого дома, *то это было бы не так странно*, как свалиться в такой колодец».

Думая так, Алиса падала все ниже, ниже и ниже.
«Неужели этому не будет конца? — подумала она. — Хотелось бы мне знать, сколько миль успела я пролететь за это время?» — Я, — прибавила она громко, — должно быть, теперь уже недалеко от центра земли. До него... гм... шесть с половиной тысяч километров.
Алиса научилась уже многому во время уроков в своей классной комнате. Положим, теперь было совсем не время выказывать свои

tude or Longitude I've got to?' (Alice had no idea what Latitude was, or Longitude either, but thought they were nice grand words to say.)

Presently she began again. 'I wonder if I shall fall right THROUGH the earth! How funny it'll seem to come out *among the people that walk with their heads downward*! The Antipathies, I think' (she was rather glad there WAS no one listening, this time, as it didn't sound at all the right word) 'but I shall have to ask them what the name of the country is, you know. Please, Ma'am, is this New Zealand or Australia?' (and she tried to curt-sey as she spoke — *fancy CURTSEYING as you're falling through the air*! Do you think you could manage it?) 'And what an ignorant little girl she'll think me for asking! No, *it'll never do to ask*: perhaps I shall see it written up somewhere.'

Down, down, down. There was nothing else to do, so Alice soon began talking again. 'Dinah'll miss me very much tonight, I should think!' (Dinah was the cat.) 'I hope they'll remember her saucer of milk at tea-time. Dinah my dear! *I wish you were down here with me*! There are no mice in the air, I'm afraid, but you might catch a bat, and that's very like a mouse, you know. But do cats eat bats, I wonder?' And here Alice began to get rather sleepy, and went on saying to herself, in a dreamy sort of way, 'Do cats eat bats? Do cats eat bats?' and sometimes, 'Do bats eat cats?' for, you see, as she couldn't answer either question, *it didn't much matter which way she put it*. She felt that she was dozing off, and had just begun to dream that she was walking hand in hand with Dinah, and saying to her very earnestly, 'Now, Dinah, tell me the truth: did you ever eat a bat?' when suddenly, thump! thump! *down she came upon* a heap of sticks and dry leaves, and the fall was over.

познания, да не перед кем было и хвалиться ими, *но все-таки не мешало освежить их в памяти и повторить пройденное.*

— Да, до центра земли шесть с половиной тысяч километров. Под какой же я теперь широтой и долготой? — Алиса не имела ни малейшего понятия о широте и долготе, но ей нравилось произносить такие серьезные ученые слова.

— А! Может быть, я пролечу через весь земной шар насквозь! — продолжала она. — Как смешно будет увидеть *людей, которые ходят головами вниз!* Их, кажется, называют анти...патиями. (Тут Алиса немножко запнулась и порадовалась, что у нее нет слушателей; она почувствовала, что этих людей называют не антипатиями, а как-то по-другому.) Я спрошу у них, в какую страну я попала. «Скажите, пожалуйста, сударыня, это Новая Зеландия или Австралия?» — спрошу я у какой-нибудь дамы. (Алиса хотела при этом сделать реверанс, *но это было ужасно трудно сделать, падая с огромной высоты.*) — Только она, пожалуй, сочтет меня глупой, ничему не учившейся девочкой! Нет, *лучше не спрашивать.* Может быть, я это узнаю как-нибудь иначе.

Прошло уже много времени, а Алиса все продолжала падать. Делать было нечего, и потому она снова начала говорить.

— Дина будет очень скучать без меня сегодня вечером. (Дина была ее кошка.) Надеюсь, ей не забудут дать блюдечко молока за вечерним чаем... Дина, миленькая, *как бы мне хотелось, чтобы ты была сейчас здесь, со мной!* В воздухе, должно быть, нет мышей, но ты могла бы поймать летучую мышь, а она очень похожа на обыкновенную. — Тут Алисе вдруг захотелось спать, и она несколько раз проговорила сонным голосом: — Едят ли кошки летучих мышек? Пару раз она ошибалась и спросила: — Едят ли летучие мышки кошек или нет? — Впрочем, если некому ответить, *то не все ли равно, о чем спрашивать?*

Алиса чувствовала, что засыпает, и ей уже приснилось, что она гуляет с Диной и говорит ей: — Скажи мне по правде, Диночка, ела ли ты когда-нибудь летучих мышей? — как вдруг — хлоп! — *И Алиса упала* на кучу листьев и сухих веток.

Alice was not a bit hurt, and she jumped up on to her feet in a moment: she looked up, but it was all dark overhead; before her was another long passage, and the White Rabbit was still in sight, hurrying down it. *There was not a moment to be lost*: away went Alice like the wind, and was just in time to hear it say, as it turned a corner, '*Oh my ears and whiskers*, how late it's getting!' She was close behind it when she turned the corner, but the Rabbit was no longer to be seen: she found herself in a long, low hall, which was lit up by a row of lamps hanging from the roof.

There were doors all round the hall, but they were all locked; and when Alice had been all the way down one side and up the other, trying every door, she walked sadly down the middle, wondering how she was ever to get out again.

Suddenly she came upon a little three-legged table, *all made of solid glass*; there was nothing on it except a tiny golden key, and Alice's first thought was that it might belong to one of the doors of the hall; but, alas! either the locks were too large, or the key was too small, but at any rate *it would not open any of them*. However, on the second time round, she came upon a low curtain she had not noticed before, and behind it was a little door about fifteen inches high: she tried the little golden key in the lock, and to her great delight it fitted!

Alice opened the door and found that it led into a small passage, not much larger than a rat-hole: she knelt down and looked along the passage into the loveliest garden you ever saw. How she longed to get out of that dark hall, and wander about among those beds of bright flowers and those cool fountains, but she could not even get her head through the doorway; 'and even if my head would go through,' thought poor Alice, '*it would be of very little use* without my shoulders. Oh, *how I wish I could shut up* like a telescope! I think I could, if I only know how to begin.' For, you see, so many out-of-the-way things had happened late-

Но она ни капельки не ушиблась и тотчас же вскочила. У нее над головой было темно. Прямо перед ней тянулся длинный проход, и видно было, как белый кролик со всех ног бежал по этому проходу. *Нельзя было терять ни минуты.* Алиса понеслась за ним, как ветер, и услыхала, как он, повернув за угол, воскликнул: «*Ах, мои ушки и усики! Как же я опоздал!*»

Алиса была совсем близко от него, когда он повернул за угол; она бросилась туда же, но кролик вдруг исчез. И она осталась одна в длинной низкой комнате, освещенной целым рядом ламп, свешивавшихся с потолка.

Вокруг комнаты было множество дверей, но все они были заперты. Алиса попробовала отворить их, но это не удалось ей, и она вернулась обратно.

Вдруг она набрела на столик *из толстого стекла* и очень обрадовалась, увидав на нем золотой ключик. Ей тотчас же пришло в голову, что им можно отпереть какую-нибудь из дверей. К несчастью, *ключ не подошел ни к одной из них*; то он был слишком велик, то чересчур мал.

Обходя во второй раз кругом комнаты, Алиса обратила внимание на занавеску, которой не заметила раньше. Приподняв ее, она увидела низенькую дверку, высотой не выше колена. Она попробовала вставить ключ в замочную скважину, и к ее величайшему восторгу он пришелся как раз.

Алиса отворила дверь и вошла в маленькую комнатку. В одной из ее стен, около самого пола был крошечный, величиной с мышиную норку, вход куда-то, откуда лился яркий свет. Алиса встала на колени, посмотрела туда и увидела самый чудный сад, какой только можно себе представить. Ах, как бы хорошо пойти туда и погулять около клумб с яркими цветами и фонтанов! Но в дверцу, ведущую в сад, не могла протиснуться даже голова Алисы. «Да и что толку, если бы она прошла? — подумала Алиса. — Все равно, не прошли бы плечи, *а на что годится голова без плеч? Как бы мне хотелось уметь складываться,* как

ly, that Alice had begun to think that very few things indeed were really impossible.

There seemed to be no use in waiting by the little door, so she went back to the table, half hoping she might find another key on it, or at any rate a book of rules for shutting people up like telescopes: this time she found a little bottle on it, ('which certainly was not here before,' said Alice,) and round the neck of the bottle was a paper label, with the words 'DRINK ME' beautifully printed on it in large letters.

It was all very well to say 'Drink me,' but the wise little Alice was not going to do THAT in a hurry. 'No, I'll look first,' she said, 'and see *whether it's marked "poison" or not*'; for she had read several nice little histories about children who had got burnt, and eaten up by wild beasts and other unpleasant things, all because they WOULD not remember the simple rules their friends had taught them: such as, that a red-hot poker will burn you if you hold it too long; and that if you cut your finger VERY deeply with a knife, it usually bleeds; and she had never forgotten that, if you drink much from a bottle marked 'poison,' *it is almost certain to disagree with you*, sooner or later.

However, this bottle was NOT marked 'poison,' so Alice ventured to taste it, and finding it very nice, (it had, in fact, a sort of mixed flavour of cherry-tart, custard, pineapple, roast turkey, *toffee*, and hot buttered toast,) she very soon finished it off.

'What a curious feeling!' said Alice, 'I must be shutting up like a telescope.'

подзорная труба! Может быть, я и сумела бы это сделать, если бы только знала с чего начать».

Столько удивительных вещей случилось в этот день, что Алисе уже начало казаться, что нет ничего невозможного.

Так как в маленькую дверку никак нельзя было пройти, то нечего было и стоять около нее. Алиса вернулась к столу: на нем, может быть, найдется еще какой-нибудь ключ или, по крайней мере, учебник, в котором будет написано, как человеку сложиться наподобие подзорной трубы. Никакого ключа не было, зато Алиса увидела пузырек, которого — она была вполне уверена в этом — раньше там не стояло. На бумажке, привязанной к пузырьку, было красиво выведено крупными печатными буквами: «Выпей меня».

Ничего не стоило, конечно, написать: «Выпей меня», но Алиса, как девочка умная, не хотела торопиться и поступить необдуманно. «Сначала посмотрю, — подумала она, — *не написано ли на пузырьке «яд»*. Она читала много разных захватывающих историй про детей, которые получали ожоги, которых съедали дикие звери, или с которыми случались всевозможные другие неприятности. А почему? Да только потому, что они поступали необдуманно и забывали, что им говорили папа и мама; например, что о раскаленную кочергу сильно обожжешься, если схватишься за нее, а если порежешь палец ножом, то из пальца пойдет кровь. Но Алиса хорошо помнила все это; помнила она также, что не следует пить из пузырька, на котором написано «яд», *потому что от этого очень заболеешь*.

На пузырьке не было написано слово «яд», и Алиса решила попробовать то, что было в него налито. А так как содержимое пузырька оказалось очень вкусным и напоминало одновременно вишневый пирог, жареную индейку, печенье, ананас и гренки с маслом, то Алиса выпила все до капли.

—Как странно! — воскликнула Алиса. — Мне кажется, я складываюсь, как подзорная труба!

And so it was indeed: she was now only ten inches high, and her face brightened up at the thought that she was now *the right size for* going through the little door into that lovely garden. First, however, she waited for a few minutes to see if she was going to shrink any further: she felt a little nervous about this; '*for it might end*, you know,' said Alice to herself, 'in my going out altogether, like a candle. I wonder what I should be like then?' And she tried to fancy *what the flame of a candle is like* after the candle is blown out, for she could not remember ever having seen such a thing.

After a while, finding that nothing more happened, she decided on going into the garden at once; but, alas for poor Alice! when she got to the door, she found she had forgotten the little golden key, and when she went back to the table for it, she found she could not possibly reach it: she could see it quite plainly through the glass, and *she tried her best to climb up* one of the legs of the table, but it was too slippery; and when she had tired herself out with trying, the poor little thing sat down and cried.

'Come, there's no use in crying like that!' said Alice to herself, rather sharply, 'I advise you to leave off this minute!' She generally gave herself very good advice, (though she very seldom followed it), and sometimes she scolded herself so severely *as to bring tears into her eyes*; and once she remembered trying to box her own ears *for having cheated herself in a game of croquet she was playing against herself*, for this curious child was very fond of pretending to be two people. 'But it's no use now,' thought poor Alice, 'to pretend to be two people! Why, there's hardly enough of me left to make ONE respectable person!'

Soon *her eye fell* on a little glass box that was lying under the table: she opened it, and found in it a very small cake,

Так оно и было на самом деле. Алиса сделалась совсем крошкой, ростом всего в двадцать пять сантиметров. Лицо ее просияло при мысли, что теперь *ей удастся* пройти в маленькую дверцу и погулять в чудном саду. Сначала, однако, она постояла немного, чтобы узнать, не станет ли она еще меньше. Это очень смущало ее. «*Ведь может случиться*, — думала она, — что я буду становиться все меньше и меньше, как свечка. Что же со мной будет тогда?» И она старалась представлять себе, *каким бывает пламя свечи, когда* свеча догорит и потухнет, но не могла припомнить, чтобы хоть раз видела такое пламя.

Через некоторое время, убедившись, что она уже не становится меньше, Алиса решила тотчас же отправиться в сад; но, подойдя к дверке, вспомнила, что не взяла с собой золотого ключика. А когда она пошла за ним к столу, то увидела, что не может достать до него. Она совершенно ясно видела ключ сквозь стекло и *попробовала было добраться* до него, *вскарабкавшись* по ножке стола, но это не удалось ей, потому что ножка была очень скользкая. Алиса пробовала взбираться по ней несколько раз, но все неудачно. Наконец, совсем выбившись из сил, бедная девочка села на пол и заплакала.

— Ну, полно плакать! Этим ведь не поможешь! — строго сказала она себе через некоторое время. — Советую тебе перестать! Все равно, из этого не выйдет никакого толку!

Алиса часто давала себе очень разумные советы, но довольно редко следовала им. Иногда она давала себе такие строгие выговоры, *что слезы наворачивались у нее на глаза*; а как-то раз она даже выдрала себя за уши *за то, что сплутовала, играя сама с собой в крокет*. Это странная девочка очень любила воображать, что в ней живут два человека.

«Но теперь не стоит воображать, что во мне два человека! — думала бедная Алиса. — От меня осталось так мало, что едва-едва хватит и на одну девочку».

Вскоре после этого *она увидела* маленькую стеклянную коробочку, лежавшую под столом. В ней оказался пирожок, на ко-

on which the words 'EAT ME' were beautifully marked in currants.

'Well, I'll eat it,' said Alice, 'and if it makes me grow larger, I can reach the key; and if it makes me grow smaller, I can creep under the door; so *either way* I'll get into the garden, and I don't care which happens!'

She ate a little bit, and said anxiously to herself, 'Which way? Which way?', holding her hand on the top of her head to feel which way it was growing, and she was quite surprised to find that she remained the same size: to be sure, this generally happens when one eats a cake, but Alice had got so much *into the way of expecting nothing but out-of-the-way things to happen*, that it seemed quite dull and stupid for life to go on in the common way.

So she set to work, and very soon finished off the cake.

тором было красиво выложено смородиновыми ягодками: «Съешь меня».

«Отлично, я попробую съесть этот пирожок, — подумала Алиса. — Если я сделаюсь от этого больше, то достану ключ, а если стану меньше, то пролезу под дверь. И, во всяком случае, мне удастся попасть в сад».

Она откусила маленький кусочек и приложила руку к голове, чтобы посмотреть поднимается она или опускается. К ее величайшему удивлению, голова ее не поднялась и не опустилась. Это, положим, бывает всегда, когда ешь пирожок; но Алиса *успела так привыкнуть к одним чудесам*, что все обыкновенное уже казалось ей странным.

Она опять откусила кусочек пирожка и живо съела его весь.

Chapter II

The Pool of Tears
Пруд, полный слез

'Curiouser and curiouser!' cried Alice (she was so much surprised, that for the moment she quite forgot how to speak good English), 'now I'm opening out like the largest telescope that ever was! Goodbye, feet!' (for when she looked down at her feet, *they seemed to be almost out of sight*, they were getting so far off). 'Oh, my poor little feet, I wonder who will put on your shoes and stockings for you now, dears? I'm sure I shan't be able! I shall be a great deal too far off to trouble myself about you: you must manage the best way you can; but I must be kind to them,' thought Alice, 'or perhaps they won't walk the way I want to go! Let me see: I'll give them a new pair of boots every Christmas.'

And she went on planning to herself how she would manage it. *'They must go by the carrier,'* she thought; 'and how funny it'll seem, sending presents to one's own feet! And how odd the directions will look!

ALICE'S RIGHT FOOT, ESQ.
HEARTHRUG,
NEAR THE FENDER,
(WITH ALICE'S LOVE).

Oh dear, what nonsense I'm talking!'

— Господи! Что же это такое? — воскликнула вдруг Алиса. — Я начинаю раздвигаться, как огромная, самая огромная подзорная труба! Прощайте, ноги!

Когда она взглянула вниз, *ей показалось, что ноги ее едва видны,* до того далеко были они от головы.

— Мои бедные маленькие ножки! Кто же будет теперь надевать на вас чулки и башмаки? Я буду слишком далеко, чтобы о вас заботиться. Устраивайтесь сами, как знаете... Но я должна быть добра к ним, — задумчиво проговорила она, — а то они, пожалуй, не захотят идти туда, куда мне нужно. Что бы мне сделать для них? Да вот что: я буду покупать им новую пару туфелек к каждому Рождеству. — И Алиса стала раздумывать, как устроить это.

«*Туфли придется присылать с посыльным,* — думала она. — Как смешно будет делать подарки своим собственным ногам! И как странно будет надписывать:

«*Милостивой государыне правой ноге Алисы.*
    На коврик перед камином,
    в угол гостиной.
        Сердечный привет от Алисы».

— Ах, какие глупости мне приходят в голову!

Just then her head struck against the roof of the hall: in fact she was now more than nine feet high, and she at once took up the little golden key and hurried off to the garden door.

Poor Alice! It was as much as she could do, lying down on one side, to look through into the garden with one eye; *but to get through was more hopeless than ever*: she sat down and began to cry again.

'You ought to be ashamed of yourself,' said Alice, 'a great girl like you,' (she might well say this), 'to go on crying in this way! Stop this moment, I tell you!' But she went on all the same, shedding gallons of tears, until there was a large pool all round her, about four inches deep and reaching half down the hall.

After a time she heard a little pattering of feet in the distance, and she hastily dried her eyes to see what was coming. It was the White Rabbit returning, splendidly dressed, with a pair of white kid gloves in one hand and a large fan in the other: he came trotting along in a great hurry, muttering to himself as he came, 'Oh! the Duchess, the Duchess! Oh! *won't she be savage* if I've kept her waiting!' Alice felt so desperate that she was ready to ask help of any one; so, when the Rabbit came near her, she began, in a low, timid voice, 'If you please, sir...' The Rabbit started violently, dropped the white kid gloves and the fan, and scurried away into the darkness *as hard as he could go.*

Alice took up the fan and gloves, and, as the hall was very hot, she kept fanning herself all the time she went on talking: 'Dear, dear! *How queer* everything is today! And yesterday things went on just as usual. I wonder if I've been changed in the night? Let me think: was I the same when I got up this morning? I almost think

Тут Алиса стукнулась головой о потолок, так как была теперь ростом под три метра. Вспомнив, что хотела идти в сад, она схватила золотой ключик и побежала к входу.

Но бедная девочка и не подумала о том, что будет не в состоянии пройти в него. Ей удалось лишь, лежа на боку, заглянуть в сад одним глазком. *При этой новой неудаче* Алиса снова села на пол и заплакала.

— Как тебе не стыдно! — через некоторое время воскликнула она. — Такая большая девочка и плачет! Перестань сию же минуту, слышишь?

Но, несмотря на это, она продолжала плакать. Слезы ручьями лились у нее из глаз, и скоро вокруг нее образовался пруд, сантиметров десяти глубиной, и залил собою половину пола в зале.

Вдруг вдали послышались быстрые, легкие шаги — они приближались к Алисе.

Она торопливо вытерла глаза, чтобы посмотреть, кто идет. Это возвращался белый кролик, донельзя расфуфыренный, с парой белых лайковых перчаток в одной руке и с большим веером в другой. Он шел очень торопливо, бормоча себе под нос:

— Ах, герцогиня, герцогиня! *Она страшно рассердится за то*, что я заставил ее дожидаться.

Алиса была в таком отчаянии, что готова была обратиться за помощью к первому встречному. А потому, когда кролик подошел ближе, она проговорила тихим, робким голосом:

— Прошу вас, господин кролик...

Но она не успела договорить. Кролик задрожал всем телом, выронил свои лайковые перчатки и веер и, *бросившись со всех ног*, скрылся в темноте.

Алиса подняла упавшие вещи и стала обмахиваться веером, потому что в комнате было очень жарко.

— Боже мой, *как все странно* сегодня! — сказала она. — А вчера все шло как обычно. Не изменилась ли я сама за ночь? Постараюсь вспомнить. Такой ли я была как всегда, когда встала

I can remember feeling a little different. But if I'm not the same, the next question is, Who in the world am I? Ah, THAT'S the great puzzle!' And she began thinking over all the children she knew that were of the same age as herself, to see if she could have been changed for any of them.

'I'm sure I'm not Ada,' she said, 'for her hair goes in such long ringlets, and mine doesn't go in ringlets at all; and I'm sure I can't be Mabel, for I know all sorts of things, and she, oh! she knows such a very little! Besides, *SHE'S she, and I'm I*, and, oh dear, how puzzling it all is! I'll try if I know all the things I used to know. Let me see: four times five is twelve, and four times six is thirteen, and four times seven is, oh dear! I shall never get to twenty at that rate! However, the Multiplication Table doesn't signify: let's try Geography. London is the capital of Paris, and Paris is the capital of Rome, and Rome... no, THAT'S all wrong, I'm certain! I must have been *changed for Mabel*! I'll try and say "How doth the little..."' and she crossed her hands on her lap *as if she were saying lessons*, and began to repeat it, but her voice sounded hoarse and strange, and the words did not come the same as they used to do:

> *'How doth the little crocodile*
> *Improve his shining tail,*
> *And pour the waters of the Nile*
> *On every golden scale!*
>
> *'How cheerfully he seems to grin,*
> *How neatly spread his claws,*
> *And welcome little fishes in*
> *With gently smiling jaws!'*

'I'm sure those are not the right words,' said poor Alice, and her eyes filled with tears again as she went on, 'I must be Mabel after all, and I shall have to go and live in that poky little house, and have next to no toys to play with, and oh! ever so many lessons to learn! No, I've made up my mind about it; if I'm Mabel, I'll stay

утром? Мне кажется, как будто я была немножко другой. Кто же я теперь? Вот в чем загадка.

И Алиса стала припоминать всех своих знакомых девочек-ровесниц, чтобы решить, в которую из них она могла бы превратиться.

— Я, наверное, не Ада, — сказала она. — У нее длинные вьющиеся волосы, а мои совсем не вьются. Я и не Мейбл, потому что я уже выучилась многому, а она не знает почти ничего. К тому же ведь *Мейбл и есть Мейбл, а я — я*. Господи, как все это странно и непонятно! Посмотрим, знаю ли я теперь то, что знала раньше. Четырежды пять — двенадцать, четырежды шесть — тринадцать, четырежды семь. Что же это? Ведь так я никогда не дойду до двадцати! Да и потом ведь таблица умножения — это совсем не важно. Лучше спрошу себя из географии. Лондон — столица Парижа, Париж — столица Рима, Рим... нет, я уверена, что все это не так! Должно быть, я *стала Мейбл*. Попробую прочитать наизусть какой-нибудь знакомый стишок.

Алиса сложила руки, как делала всегда, отвечая уроки, и начала читать стихи, но голос ее был какой-то хриплый, а слова как будто немножко изменились.

> В реке родился крокодил
> В реке он подрастал
> Зимой и летом полон сил
> И голоден бывал.
>
> Трусишка рыбка пестрая
> Сама к нему плывет
> И меж зубами острыми
> Спешит к нему в живот.

— Нет, я и тут что-то напутала! — воскликнула бедная Алиса, и у нее на глазах навернулись слезы. — Должно быть, я стала Мейбл, и мне придется жить в тесном неуютном домике, и у меня не будет моих игрушек, и я должна буду учить много уроков!..

down here! It'll be no use their putting their heads down and saying "Come up again, dear!" I shall only look up and say "Who am I then? Tell me that first, and then, if I like being that person, I'll come up: if not, I'll stay down here till I'm somebody else" but, oh dear!' cried Alice, with a sudden burst of tears, 'I do wish they WOULD put their heads down! I am so VERY tired of being all alone here!'

As she said this she looked down at her hands, and was surprised to see that she had put on one of the Rabbit's little white kid gloves while she was talking. 'How CAN I have done that?' she thought. 'I must be growing small again.' She got up and went to the table to measure herself by it, and found that, as nearly as she could guess, she was now about two feet high, and was going on shrinking rapidly: she soon found out that the cause of this was the fan she was holding, and she dropped it hastily, just in time *to avoid shrinking away altogether.*

'*That WAS a narrow escape!*' said Alice, a good deal frightened at the sudden change, but very glad to find herself still in existence; 'and now for the garden!' and she ran with all speed back to the little door: but, alas! the little door was shut again, and the little golden key was lying on the glass table as before, 'and things are worse than ever,' thought the poor child, 'for I never was so small as this before, never! And I declare it's too bad, that it is!'

As she said these words her foot slipped, and in another moment, splash! she was up to her chin in salt water. Her first idea was that she had somehow fallen into the sea, 'and in that case I can go back by railway,' she said to herself. (Alice had been to the seaside once in her life, and had come to the general conclusion, that wherever you go to on the English coast you find a number of bathing machines in the sea, some children digging in the sand with wooden spades, then a row of lodging houses, and behind them a railway

Нет, я решила: если я Мейбл, я останусь здесь, под землей. Если кто-нибудь просунет голову сверху и скажет: «Иди сюда, милочка!» Я только посмотрю наверх и спрошу: «Кто я? Сначала скажите мне это, и если мне понравится быть тем, кем я сделалась, то я пойду наверх. А если нет, то я останусь здесь до тех пор, пока не сделаюсь кем-нибудь другим...» Но как бы мне хотелось, — воскликнула Алиса, и слезы вдруг хлынули у нее из глаз, — как бы мне хотелось, чтобы кто-нибудь поглядел сюда вниз! Мне так наскучило быть здесь совсем одной!

Сказав это, Алиса опустила глаза и к удивлению своему увидела, что надела на руку маленькую перчатку кролика. «Должно быть, я опять стала маленькой», — подумала она и, вскочив, подошла к столу, чтобы измерить свой рост.

Да, она стала гораздо, гораздо ниже — теперь она была всего немногим больше полуметра ростом и с каждой минутой становилась все меньше и меньше. Алиса догадалась, отчего это происходит — оттого, конечно, что она держит веер кролика. Она поспешила бросить его и как раз вовремя, *а то от нее не осталось бы ничего.*

— *Я едва-едва спаслась!* — воскликнула Алиса, очень довольная, что все кончилось благополучно. — Ну, теперь в сад!

И она побежала к маленькой дверке. Но дверка была опять заперта, и золотой ключик снова лежал на стеклянном столе.

«Все неудачи и неудачи! — подумала бедная девочка. — Такой маленькой я еще никогда не была. Это очень неприятно, даже отвратительно!»

Думая это, она поскользнулась. Послышался всплеск, полетели брызги, и она очутилась по самую шею в соленой воде. Сначала ей показалось, что она упала в море. «В таком случае, — подумала она, — я могу вернуться домой на пароходе». Алиса была на морском берегу только раз в жизни и думала, что все морские берега точь-в-точь такие же. На отмели дети всегда копаются в песке деревянными лопатками, поодаль тянется ряд домов, а возле берега стоят пароходы. Однако Алиса

station.) However, *she soon made out* that she was in the pool of tears which she had wept when she was nine feet high.

'*I wish I hadn't cried so much*!' said Alice, as she swam about, trying to find her way out. 'I shall be punished for it now, I suppose, *by being drowned in my own tears*! That WILL be a queer thing, to be sure! However, everything is queer today.'

Just then she heard something splashing about in the pool a little way off, and she swam nearer to make out what it was: at first she thought it must be a walrus or hippopotamus, but then she remembered how small she was now, and she soon made out that it was only a mouse that had slipped in like herself.

'Would it be of any use, now,' thought Alice, 'to speak to this mouse? Everything is *so out-of-the-way* down here, that I should think very likely it can talk: at any rate, *there's no harm in trying*.' So she began: 'O Mouse, do you know the way out of this pool? I am very tired of swimming about here, O Mouse!' (Alice thought this must be the right way of speaking to a mouse: she had never done such a thing before, but she remembered having seen in her brother's Latin Grammar, 'A mouse — of a mouse — to a mouse — a mouse — O mouse!' The Mouse looked at her rather inquisitively, and *seemed to her to wink with one of its little eyes*, but it said nothing.

'Perhaps it doesn't understand English,' thought Alice, 'I daresay it's a French mouse, come over with William the Conqueror.' (For, with all her knowledge of history, Alice had no very clear notion how long ago anything had happened.) So she began again: '*Ou est ma chatte*?' which was the first sentence in her French les-

вскоре поняла, что попала не в море, а в пруд, который образовался из ее слез, когда она была под три метра ростом.

— *Как жаль, что я плакала так долго!* — сказала Алиса, плавая в слезах и стараясь выбраться из пруда. — Пожалуй, кончится тем, что *я утону в моем собственном плаче!* Как странно это будет! Впрочем, сегодня все странно!

В это время недалеко от нее послышался плеск, и она поплыла в ту сторону, чтобы посмотреть, кто там. В первую минуту ей пришло в голову, что это морж или бегемот, но она вспомнила, какой стала крошечной, и поняла, что плывет мышка, которая, должно быть, так же как и она, сама нечаянно упала в пруд.

«Будет ли какой-нибудь толк, если я заговорю с этой мышкой? — подумала Алиса. — Здесь все *такое необыкновенное*, что, может быть, и она умеет говорить. Во всяком случае, *ничего дурного не будет, если я попробую*».
— Не знаешь ли ты, мышка, куда нужно плыть, чтобы выбраться из этого пруда? — спросила она. — Я очень устала плавать, о, мышка!
(Алиса полагала, что именно так и следует разговаривать с мышами; никогда раньше ей не приходилось этого делать, но она помнила, что в латинской грамматике ее брата было написано так: «именительный падеж — мышка, родительный — нет мышки, дательный — даю мышке, винительный — вижу мышку, творительный — горжусь мышкой, предложный — говорю о мышке, звательный — о, мышка!»)
Мышка пытливо взглянула на нее и *как будто прищурила один глаз*, но ничего не ответила.

«Должно быть, она не понимает по-английски, — подумала Алиса. — Может быть, это французская мышка, прибывшая с Вильгельмом Завоевателем».
— *Ou est ma chatte? (Где моя киска?)* — произнесла она первую фразу из своего французского учебника.

son-book. The Mouse gave a sudden leap out of the water, and seemed to quiver all over with fright. 'Oh, I beg your pardon!' cried Alice hastily, afraid that she had hurt the poor animal's feelings. 'I quite forgot you didn't like cats.'

'Not like cats!' cried the Mouse, in a shrill, passionate voice. *'Would YOU like cats if you were me?'*

'Well, perhaps not,' said Alice in a soothing tone, 'don't be angry about it. And yet I wish I could show you our cat Dinah: *I think you'd take a fancy to cats* if you could only see her. She is such a dear quiet thing,' Alice went on, half to herself, as she swam lazily about in the pool, 'and she sits purring so nicely by the fire, licking her paws and washing her face — and she is such a nice soft thing to nurse, and she's such a capital one for catching mice... oh, I beg your pardon!' cried Alice again, for this time the Mouse was bristling all over, and she felt certain it must be really offended. 'We won't talk about her any more if you'd rather not.'

'We indeed!' cried the Mouse, who was trembling down to the end of his tail. 'As if I would talk on such a subject! Our family always HATED cats: nasty, low, vulgar things! Don't let me hear the name again!'

'I won't indeed!' said Alice, in a great hurry to change the subject of conversation. 'Are you... are you fond of... of dogs?' The Mouse did not answer, so Alice went on eagerly: 'There is such a nice little dog near our house I should like to show you! A little bright-eyed terrier, you know, with oh, such long curly brown hair! And it'll fetch things when you throw them, and it'll sit up and beg for its dinner, and all sorts of things, I can't remember half of them, and it belongs to a farmer, you know, and he says it's so useful, it's worth a hundred pounds! He says it kills all the rats and, oh dear!' cried Alice in a sorrowful tone, 'I'm afraid I've offended it again!' For the Mouse was swimming

Мышка подпрыгнула и задрожала от страха.

— О, простите меня, пожалуйста! — поспешила сказать Алиса, от души жалея, что так напугала бедную мышку, — я забыла, что вы не любите кошек.

— Не люблю кошек! — пронзительно дрожащим голосом воскликнула мышка. — *А любили бы вы их на моем месте?*

— Должно быть, нет, — коротко ответила Алиса. — Пожалуйста, не сердитесь. А мне все-таки очень хотелось бы показать вам нашу кошку, Дину. *Вы, я думаю, полюбили бы кошек,* если бы увидели ее. Она такая хорошенькая! А как мило мурлычет она, когда сидит возле огня, лижет себе лапки и умывает мордочку. Я очень люблю держать ее на руках, и она молодец: великолепно ловит мышей... Ах, пожалуйста, простите! — снова воскликнула Алиса, видя, что мышка до того обиделась и испугалась, что вся шерсть поднялась у нее дыбом.

— Мы не будем больше говорить про нее!

— *Мы!* — воскликнула мышка, дрожа до самого кончика хвоста, — как будто я стану говорить про такие вещи! Все наше племя ненавидит кошек — этих мерзких, низких, грубых животных! Не произносите больше при мне этого слова!

— Не буду, — ответила Алиса и, спеша поскорее переменить разговор, спросила:

— Любите ли вы собак?

Так как мышка не ответила ни слова, то Алиса снова заговорила:

— Около нашего дома живет такая миленькая собачка. Мне очень бы хотелось показать ее вам. Это терьер — вы с такими знакомы? У него хорошенькие, блестящие глазки и длинная кудрявая шерсть. И он приносит палку, если сказать «апорт», и служит, когда хочет, чтобы ему дали пообедать, или просит чего-нибудь вкусного. Это собачка фермера, и он говорит, что

away from her as hard as it could go, and *making quite a commotion in the pool as it went.*

So she called softly after it, 'Mouse dear! Do come back again, and we won't talk about cats or dogs either, if you don't like them!' When the Mouse heard this, it turned round and swam slowly back to her: its face was quite pale (with passion, Alice thought), and it said in a low trembling voice, 'Let us get to the shore, and then I'll tell you my history, and you'll understand why it is I hate cats and dogs.'

It was high time to go, for the pool was getting quite crowded with the birds and animals that had fallen into it: there were a Duck and a Dodo, a Lory and an Eaglet, and several other curious creatures. Alice led the way, and the whole party swam to the shore.

она ему так полезна, что он не продаст ее и за сто фунтов. Он говорит, что она отлично убивает крыс, и мы... Ах, Господи, я опять напугала ее! — жалобно воскликнула Алиса, видя, что мышка торопливо поплыла от нее, так сильно загребая лапами, *что волны пошли по пруду, и на нем поднялась буря.*

— Милая мышка! — ласково позвала она ее. — Пожалуйста, вернитесь! Мы не будем больше говорить ни про кошек, ни про собак, если вы не любите их.

Услышав это, мышка повернула назад и тихонько поплыла. Мордочка ее побледнела («оттого, что она очень рассердилась», подумала Алиса), и она сказала чуть слышно, дрожащим голосом, обращаясь к Алисе:

— Поплывем к берегу. Там я расскажу вам мою историю, и вы поймете, почему я ненавижу кошек и собак.

Да и пора было плыть к берегу: в пруду теснилось теперь множество животных и птиц, случайно попавших туда. Тут были: утка, древний Дронт, попугай Лори, Орланчик и многие другие. И Алиса вместе со всеми поплыла к берегу.

Chapter III

A Caucus-Race and a Long Tale
Бестолкотня и длинный рассказ

They were indeed a queer-looking party that assembled on the bank: the birds with draggled feathers, the animals with their fur clinging close to them, and all dripping wet, cross, and uncomfortable.

The first question of course was, how to get dry again: they had a consultation about this, and after a few minutes *it seemed quite natural to Alice to find herself talking familiarly with them*, as if she had known them all her life. Indeed, she had quite a long argument with the Lory, who at last turned sulky, and would only say, 'I am older than you, and must know better', and this Alice would not allow without knowing how old it was, and, as the Lory positively refused to tell its age, *there was no more to be said*.

At last the Mouse, who seemed to be *a person of authority among them*, called out, 'Sit down, all of you, and listen to me! I'LL soon make you dry enough!' They all sat down at once, in a large ring, with the Mouse in the middle. Alice kept her eyes anxiously fixed on it, for she felt sure she would catch a bad cold if she did not get dry very soon.

'Ahem!' said the Mouse with an important air, 'are you all ready? This is the driest thing I know. Silence all round, if you please!

Странное общество собралось на берегу: птицы с испачканными в грязи перьями, животные с прилипшей к телу шерстью. Все они вымокли до того, что с них текла вода, и все были мрачны.

Прежде всего, нужно было, конечно, подумать о том, как бы обсушиться. Птицы долго толковали об этом; Алиса тоже принимала участие в разговоре и *относилась к ним так по-дружески и запросто*, как будто знала их всю жизнь. И это совсем не казалось ей странным. Она довольно долго спорила с Лори, райским попугаем, который под конец нахмурился и сказал: «Я старше тебя и потому знаю больше». Но Алиса не могла согласиться с этим, не имея понятия о том, сколько ему лет. Лори самым решительным образом отказался сообщить свой возраст и на это уже, конечно, *нечего было возразить*.

— Если вы все сядете и выслушаете меня, — сказала мышка, которая, по-видимому, *пользовалась в этом обществе большим авторитетом*, — то вы скоро высохнете.

Все тотчас же сели в кружок, а мышка устроилась посредине. Алиса тревожно смотрела на нее: она была уверена, что может простудиться, если шкурка ее не скоро высохнет.

— Г-м! — важно сказала мышка. — Уселись? Вы сразу высохнете от моего рассказа, так как не существует более сухой информа-

"William the Conqueror, whose cause was favoured by the pope, was soon submitted to by the English, who wanted leaders, and had been of late much accustomed to usurpation and conquest. Edwin and Morcar, the earls of Mercia and Northumbria...'"

'Ugh!' said the Lory, with a shiver.

'I beg your pardon!' said the Mouse, frowning, but very politely: 'Did you speak?'

'*Not I*!' said the Lory hastily.

'I thought you did,' said the Mouse. 'I proceed. "Edwin and Morcar, the earls of Mercia and Northumbria, declared for him: and even Stigand, the patriotic archbishop of Canterbury, found it advisable...'"

'Found WHAT?' said the Duck.

'Found IT,' the Mouse replied rather crossly: '*of course you know what "it" means*.'

'I know what "it" means well enough, when I find a thing,' said the Duck: 'it's generally a frog or a worm. The question is, what did the archbishop find?'

The Mouse did not notice this question, but hurriedly went on, '"found it advisable to go with Edgar Atheling to meet William and offer him the crown. William's conduct at first was moderate. But the insolence of his Normans..." *How are you getting on now, my dear?*' it continued, turning to Alice as it spoke.

'*As wet as ever*,' said Alice in a melancholy tone: 'it doesn't seem to dry me at all.'

ции. Попрошу вас молчать и сидеть как можно тише! Итак, Вильгельм Завоеватель имел большую поддержку у римского папы. Папа взял его сторону, и Вильгельм мог предложить свои услуги Англии. Предложение его было принято, так как англичане сильно нуждались в полководцах. Он же привык к завоеваниям и победам. Эдвин и Моркар, графы Мерсии и Нортумберленда...

— Уф! — произнес Лори с содроганием.

— Что, простите? — нахмурившись сказала мышка. — Вы что-то сказали?

— Это не я! — быстро пробормотал Лори.

— Значит, мне показалось, — сказала мышка. — Продолжаю. Эдвин и Моркар, графы Мерсии и Нортумберленда, объявили себя на стороне Вильгельма, и даже Кентерберийский архиепископ Стайдженд, известный патриот, нашел это благоразумным.

— Нашел что? — спросила утка.

— Нашел это, — сказала мышка раздраженным голосом. — *Вы, конечно, поняли, что значит «это».*

— Я отлично понимаю, что значит «это», когда сама что-нибудь нахожу, — заметила утка. — Это обыкновенно лягушка или гусеница. Но, спрашивается, что нашел архиепископ?

Мышка оставила без внимания этот вопрос и поспешно продолжала. — Нашел это благоразумным и сам отправился с Эдгаром Аселингом навстречу Вильгельму Завоевателю и предложил ему корону. Вильгельм вел себя сначала очень скромно, но дерзость нормандцев... Ну, *как вы себя теперь чувствуете, душенька?* — прибавила мышка, неожиданно обращаясь к Алисе.

— *Я все такая же мокрая,* — грустно ответила Алиса, — я ни крошечки не высохла. Ваша сухая информация не помогает.

'In that case,' said the Dodo solemnly, rising to its feet, '*I move that the meeting adjourn*, for the immediate adoption of more energetic remedies...'

'Speak English!' said the Eaglet. 'I don't know the meaning of half those long words, and, what's more, I don't believe you do either!' And the Eaglet bent down its head to hide a smile: some of the other birds tittered audibly.

'What I was going to say,' said the Dodo in an offended tone, 'was, *that the best thing to get us dry* would be a Caucus-race.'

'What IS a Caucus-race?' said Alice; not that she wanted much to know, but *the Dodo had paused as if it thought that SOMEBODY ought to speak*, and no one else seemed inclined to say anything.

'Why,' said the Dodo, 'the best way to explain it is to do it.' (And, as you might like to try the thing yourself, some winter day, I will tell you how the Dodo managed it.)

First it marked out a race-course, in a sort of circle, ('the exact shape doesn't matter,' it said,) and then all the party were placed along the course, here and there. There was no '*One, two, three, and away*,' but they began running when they liked, and left off when they liked, so that it was not easy to know when the race was over. However, when they had been running half an hour or so, and were quite dry again, the Dodo suddenly called out 'The race is over!' and they all crowded round it, panting, and asking, 'But who has won?'

This question the Dodo could not answer without a great deal of thought, and it sat for a long time with one finger pressed upon its forehead (the position in which you usually see Shakespeare, in the pictures of him), while the rest waited in silence. At last the Dodo said, 'EVERYBODY has won, and all must have prizes.'

— В таком случае, — торжественно проговорил древний Дронт, вскочив с места, — *предлагаю собранию* принять более радикальные меры и... *отложить заседание.*

— Говори понятнее! — прервал его Орланчик, — я не понимаю и половины твоих ученых слов, да думаю, что и сам ты не понимаешь их, — прибавил он и нагнул голову, чтобы скрыть улыбку. А некоторые из присутствующих не могли удержаться от смеха и довольно громко захихикали.

— Я хотел сказать, — обиженно проговорил древний Дронт, — *что мы просохнем быстрее всего, если устроим бестолкотню.*

— Что такое «бестолкотня»? — спросила Алиса.
Она спросила совсем не потому, что хотела знать, а потому что древний Дронт сделал паузу, как будто ждал, что кто-нибудь обязательно спросит.

— Чтоб объяснить, что это такое, лучше всего этим заняться. (И так как сами вы, наверное, захотите этим заняться как-нибудь зимою, я вам расскажу, как этим занимался древний Дронт.)

Он выбрал подходящее место и предложил, чтобы кто-нибудь дал знак, когда начинать, прокричав *«Раз-два-три!»*, но никто этого не делал и всякий бежал, когда хотел, и останавливался, когда уставал. Прошло с полчаса, и все уже успели высохнуть.
— Довольно! Бестолкотня закончена! — крикнул древний Дронт.
Все окружили его.
— Кто же победитель? — спрашивали его наперебой. — Кому достался приз?

Древний Дронт не мог ответить на этот вопрос, не подумав, и долго стоял, приложив коготь ко лбу, а участники бестолкотни смотрели на него молча и ждали.
— Все победители; все получают приз, и каждому он должен быть выдан! — наконец решил древний Дронт.

'But who is to give the prizes?' quite a chorus of voices asked.

'Why, SHE, of course,' said the Dodo, pointing to Alice with one finger; and the whole party at once crowded round her, *calling out in a confused way*, 'Prizes! Prizes!'

Alice had no idea what to do, and in despair she put her hand in her pocket, and pulled out *a box of comfits*, (luckily the salt water had not got into it) and handed them round as prizes. There was exactly *one a-piece all round*.

'But she must have a prize herself, you know,' said the Mouse.

'Of course,' the Dodo replied very gravely. 'What else have you got in your pocket?' he went on, turning to Alice.

'Only a thimble,' said Alice sadly.

'*Hand it over here*,' said the Dodo.

Then they all crowded round her once more, while the Dodo solemnly presented the thimble, saying '*We beg your acceptance of this elegant thimble*', and, when it had finished this short speech, they all cheered.

Alice thought the whole thing very absurd, but they all looked so grave that she did not dare to laugh; and, as she could not think of anything to say, she simply bowed, and took the thimble, looking as solemn as she could.

The next thing was to eat the comfits: this caused some noise and confusion, as the large birds complained that *they could not taste theirs*, and the small ones choked and had to be patted on the back. However, it was over at last, and they sat down again in a ring, and begged the Mouse to tell them something more.

— А кто же будет выдавать их? — крикнуло множество голосов.

— Конечно, она, — ответил древний Дронт, показав на Алису.
— Призы!.. Призы!.. — *закричали все*, бросившись к Алисе.

Она растерялась и, не зная, что делать, опустила руку в карман. К счастью, в нем нашлась *коробочка цукатов*, не испорченных соленой водой. Она стала раздавать их как призы, и как раз *по одной штуке досталось каждому*.

— Но ведь она сама должна получить приз, — сказала мышка.

— Конечно, — согласился древний Дронт.
— Нет ли у тебя еще чего-нибудь в кармане? — спросил он, обратившись к Алисе.

— Только один наперсток, — грустно ответила она.

— *Давай его сюда*, — сказал древний Дронт.

Все окружили Алису, а древний Дронт торжественно вручил ей наперсток, сказав при этом:
— *Просим тебя принять эту изящную вещицу!* — и со всех сторон раздались восторженные крики и рукоплескания.

Церемония эта показалась Алисе очень глупой, но все смотрели так серьезно, что она не решилась засмеяться. Не зная, что сказать, она молча поклонилась и взяла наперсток, стараясь тоже смотреть как можно серьезнее.

Затем общество принялось за цукаты, и скоро послышался шум и недовольные крики. Большие птицы жаловались, что совсем *не могли разобрать вкус цукатов*, а маленькие давились ими, и их приходилось хлопать по спине. Наконец цукаты были съедены. Все снова уселись и попросили мышку рассказать еще что-нибудь.

'You promised to tell me your history, you know,' said Alice, 'and why it is you hate C and D,' she added in a whisper, half afraid that it would be offended again.

'*Mine is a long and a sad tale!*' said the Mouse, turning to Alice, and sighing.

'*It IS a long tail*, certainly,' said Alice, looking down with wonder at the Mouse's tail, 'but why do you call it sad?' And she kept on puzzling about it while the Mouse was speaking, so that her idea of the tale was something like this:

> '*Fury said to a*
> *mouse, That he*
> *met in the*
> *house,*
> "*Let us*
> *both go to*
> *law: I will*
> *prosecute*
> *YOU. Come,*
> *I'll take no*
> *denial; We*
> *must have a*
> *trial: For*
> *really this*
> *morning I've*
> *nothing*
> *to do.*"
> *Said the*
> *mouse to the*
> *cur, "Such*
> *a trial,*
> *dear Sir,*

— Ты обещала рассказать мне свою историю, — сказала Алиса, — и объяснить, почему ты не любишь «к» и «с». — Она не решилась сказать «кошек» и «собак», да и одни начальные буквы произнесла шепотом, чтобы не обидеть и не испугать мышки.

— *Моя история очень длинная и грустная*, — со вздохом сказала мышка, обернувшись к Алисе, — но, выслушав ее, не надо меня называть хвастуньей, а помнить только, что я способна на мужество и самопожертвование.

— Ваша история, наверно, интересна, — ответила Алиса, глядя на хвост мышки, — но все же *слово хвастунья очень вам к лицу*, и я понять не могу, почему оно вам не нравится.

Пока мышь говорила, Алиса все время в упор глядела на мышиный хвост, — вот почему рассказ представился ей в следующем виде:

Кошка
однажды
в старом
амбаре
мышь
разыскала
и ей говорит:
«Так жить
не годится,
мы будем
судиться,
увильнуть
и не думай,
пощады
не жди!»
«О, пощади!»
мышь
ответить
успела,
судиться она

> With
> no jury
> or judge,
> would be
> wasting
> our
> breath."
> "I'll be
> judge, I'll
> be jury,"
> Said
> cunning
> old Fury:
> "I'll
> try the
> whole
> cause,
> and
> condemn
> you
> to
> death."'

'You are not attending!' said the Mouse to Alice severely. 'What are you thinking of?'

'I beg your pardon,' said Alice very humbly: '*you had got to the fifth bend*, I think?'

'I had NOT!' cried the Mouse, sharply and very angrily.

'A knot!' said Alice, always ready to make herself useful, and looking anxiously about her. 'Oh, do let me help to undo it!'

'*I shall do nothing of the sort*,' said the Mouse, getting up and walking away. 'You insult me by talking such nonsense!'

совсем
не хотела,
но старая
кошка
шипела,
пыхтела
и кончила
тем, что
вдруг
заявила:
«На этом
суде
я тебя
съем!»

— Вы, кажется, не слушаете меня, — вдруг строго сказала мышка, взглянув на Алису. — О чем вы думаете?

— Нет, я слушаю внимательно, — кротко ответила Алиса, — *вы дошли до пятого изгиба*... если не ошибаюсь.

— Я дошла до так называемого узла...

— Узел на хвостике! — воскликнула Алиса, всегда готовая оказать услугу. — О, дайте мне его развязать!

— *Не дам!* — сказала мышь, вставая, чтобы уйти. — Предложения ваши нелепы и оскорбительны!

'I didn't mean it!' pleaded poor Alice. 'But you're so easily offended, you know!'

The Mouse only growled in reply.

'Please come back and finish your story!' Alice called after it; and the others all joined in chorus, 'Yes, please do!' but the Mouse only shook its head impatiently, and walked a little quicker.

'What a pity it wouldn't stay!' sighed the Lory, as soon as it was quite out of sight; and an old Crab took the opportunity of saying to her daughter 'Ah, my dear! Let this be a lesson to you never to lose YOUR temper!'

'Hold your tongue, Ma!' said the young Crab, *a little snappishly.* *'You're enough to try the patience of an oyster!'*

'I wish I had our Dinah here, I know I do!' said Alice aloud, addressing nobody in particular. 'She'd soon fetch it back!'

'And who is Dinah, if I might venture to ask the question?' said the Lory.

Alice replied eagerly, for she was always ready to talk about her pet: 'Dinah's our cat. And she's such a capital one for catching mice you can't think! And oh, *I wish you could see her after the birds!* Why, she'll eat a little bird as soon as look at it!'

This speech caused a remarkable sensation among the party. Some of the birds hurried off at once: one old Magpie began wrapping itself up very carefully, remarking, 'I really must be getting home; *the night-air doesn't suit my throat!'* and a Canary called out in a trembling voice to its children, 'Come away, my dears! *It's high time you were all in bed!'* On various *pretexts* they all moved off, and Alice was soon left alone.

— Я не хотела вас оскорбить, — взмолилась Алиса, — но вы, право, слишком обидчивы!

Мышь только проворчала что-то в ответ.

— Вернитесь, пожалуйста, и доскажите свою историю! — крикнула Алиса. Все остальные тоже начали упрашивать мышку вернуться, но она нетерпеливо покачала головой и прибавила шагу.

— *Как жаль, что мышка ушла!* — сказал Лори, когда она пропала из виду.

А старый краб, воспользовавшись случаем, сказал младенцу крабу: — Ах, милый мой! Прими во внимание этот урок и никогда не выходи из терпения!

— Замолчи, папа, — резко ответил младенец краб, — *ты сам способен вывести из терпения даже терпеливую устрицу!*

— Хорошо, если бы Дина была здесь! — воскликнула Алиса. — Она живо вернула бы ее назад.

— А кто такая Дина, если смею спросить? — сказал Лори.

— Это наша кошка, — горячо проговорила Алиса; она всегда была готова рассказывать про свою любимицу. — Она отлично ловит мышей! *А посмотрели бы вы, как она охотится за птицами!* Она в одну минуту схватывает и съедает маленькую птичку!

Слова Алисы сильно взволновали общество.
— Мне пора домой! — сказала старая сорока. — *От холодного воздуха у меня может заболеть горло.*
А канарейка дрожащим голосом звала своих птенчиков:
— Скорее, дети! — кричала она. — *Вам давно уже пора спать.*
Все, ссылаясь на какую-нибудь *уважительную причину*, улетали или уходили, и через несколько минут Алиса осталась одна.

'*I wish I hadn't mentioned Dinah!*' she said to herself in a melancholy tone. 'Nobody seems to like her, down here, and I'm sure she's the best cat in the world! Oh, my dear Dinah! *I wonder if I shall ever see you any more!*' And here poor Alice began to cry again, for she felt very lonely and low-spirited. In a little while, however, she again heard a little pattering of footsteps in the distance, and she looked up eagerly, half hoping that the Mouse had changed his mind, and was coming back to finish his story.

— *Как жаль, что я упомянула о Дине,* — грустно проговорила она. — Никто здесь, по-видимому, не любит ее, а между тем другой такой хорошенькой кошки не найдется во всем свете! Ах, моя милочка Дина! *Неужели я никогда не увижу тебя?*

Тут бедная Алиса снова заплакала: она чувствовала себя такой несчастной и одинокой!

Через некоторое время недалеко от нее послышались шаги. Тогда она обернулась в ту сторону, надеясь, что мышка передумала и возвращается назад, чтобы досказать свою историю.

Chapter IV

The Rabbit Sends in a Little Bill
Билл в дымоходной трубе

It was the White Rabbit, trotting slowly back again, and *looking anxiously about as it went*, as if it had lost something; and she heard it muttering to itself 'The Duchess! The Duchess! Oh my dear paws! Oh my fur and whiskers! She'll get me executed, *as sure as ferrets are ferrets*! Where CAN I have dropped them, I wonder?' Alice guessed in a moment that it was looking for the fan and the pair of white kid gloves, and she very good-naturedly began hunting about for them, but they were nowhere to be seen, everything seemed to have changed since her swim in the pool, and the great hall, with the glass table and the little door, had vanished completely.

Very soon the Rabbit noticed Alice, as she went hunting about, and called out to her in an angry tone, 'Why, Mary Ann, what ARE you doing out here? Run home this moment, and fetch me a pair of gloves and a fan! Quick, now!' And Alice was so much frightened that she ran off at once in the direction it pointed to, without trying to explain the mistake it had made.

'He *took me for* his housemaid,' she said to herself as she ran. 'How surprised he'll be when he finds out who I am! But I'd better take him his fan and gloves, that is, if I can find them.'

Но это была не мышка, а белый кролик. Он тихо шел назад и *тревожно осматривался по сторонам*, как будто потерял что-то. И Алиса услыхала, как он пробормотал про себя:

— Что-то скажет герцогиня? Ах, вы лапки мои золотые! Ах, мои усики и бедная моя шкурка! Она велит меня казнить; это так же верно, как то, *что хорек — хорек*! И где это я мог потерять их?

Алиса сразу же догадалась, что кролик ищет свои лайковые перчатки и веер; чтобы помочь ему, она тоже стала искать их. Но их не было нигде. Все изменилось и стало другим с тех пор, как она упала в пруд. Даже низкая и длинная комната со стеклянным столиком и маленькой дверкой куда-то исчезла.

Увидав Алису, кролик сердито крикнул ей:
— Что ты тут делаешь, Мэри-Энн? Беги сию же минуту домой и принеси мне веер и пару перчаток. Живо!

Алиса до того перепугалась, что тотчас же побежала в ту сторону, куда показывал кролик, даже не объяснив ему, что он ошибся.

«Он *принял меня за* свою горничную! — думала она. — Как он удивится, когда узнает, что это я. Постараюсь принести ему веер и перчатки, если только найду их!»

As she said this, she came upon a neat little house, on the door of which was a bright brass plate with the name 'W. RABBIT' engraved upon it. She went in without knocking, and hurried upstairs, *in great fear lest she should meet* the real Mary Ann, and be turned out of the house before she had found the fan and gloves.

'How queer it seems,' Alice said to herself, 'to be going messages for a rabbit! I suppose Dinah'll be sending me on messages next!' And she began fancying the sort of thing that would happen: '"Miss Alice! Come here directly, and get ready for your walk!" "Coming in a minute, nurse! But I've got to see that the mouse doesn't get out." Only I don't think,' Alice went on, 'that they'd let Dinah stop in the house if it began ordering people about like that!'

By this time she had found her way into a tidy little room with a table in the window, and on it (as she had hoped) a fan and two or three pairs of tiny white kid gloves: she took up the fan and a pair of the gloves, and was just going to leave the room, when her eye fell upon a little bottle that stood near the looking-glass. There was no label this time with the words 'DRINK ME,' but nevertheless she uncorked it and put it to her lips. 'I know SOMETHING interesting is sure to happen,' she said to herself, 'whenever I eat or drink anything; so I'll just see what this bottle does. I do hope it'll make me grow large again, for really I'm quite tired of being such a tiny little thing!'

It did so indeed, and much sooner than she had expected: before she had drunk half the bottle, she found her head pressing against the ceiling, and had to stoop to save her neck from being broken. She hastily put down the bottle, saying to herself 'That's quite enough. I hope I shan't grow any more. As it is, I can't get out at the door. *I do wish I hadn't drunk quite so much!*'

Только что подумала это Алиса, как увидала хорошенький маленький домик с блестящей медной табличкой на двери, на которой было изящно выгравировано: «Кролик Белый». Алиса вбежала в домик, не постучавшись, и бросилась вверх по лестнице. Она *ужасно боялась, что встретится* с настоящей Мэри-Энн и та прогонит ее из дому прежде, чем она найдет веер и перчатки.

— Как странно, что мне приходится исполнять поручения кролика! — сказала Алиса. — Пожалуй, потом я и у Дины буду служить на посылках!

И Алиса представила себе, как это будет: «Мисс Алиса, — скажет няня, — идите скорее одеваться; пора идти гулять». — «Я сейчас не могу, няня, — ответила она сама. — Дина велела мне сидеть до ее прихода около вот этой щелочки и сторожить мышку. Дине нужно знать, выходила ли она оттуда». — Только если Дина вздумает так распоряжаться, — сказала Алиса, — то ее, наверное, не станут держать в доме.

С этими словами Алиса вошла в маленькую чистенькую комнатку; около окна стоял стол, а на нем лежал веер и две-три пары белых лайковых перчаток. Алиса схватила одну пару и веер и уже хотела уходить, как вдруг увидела пузырек, стоявший около зеркала. На нем не было ярлыка с надписью «Выпей это», но Алиса все-таки вынула пробку и приложила пузырек к губам.

«Когда я пью или ем здесь, — подумала она, — всегда случается что-нибудь необыкновенное. Посмотрю, что будет, если я выпью из этого пузырька. Хорошо, если бы я стала немножко побольше; мне уже надоело быть такой крошкой».

Она, действительно, стала больше и гораздо скорее, чем ожидала. Не успела она выпить и половины пузырька, как почувствовала, что голова ее подпирает потолок. Испугавшись, что у нее сломается шея, Алиса поскорее поставила пузырек на место.

— Довольно, — сказала она. — Надеюсь, что я не сделаюсь еще больше. Я и теперь буду не в состоянии выйти из домика. *Ах, зачем я выпила так много!*

Alas! it was too late to wish that! She went on growing, and growing, and very soon had to kneel down on the floor: in another minute there was not even room for this, and she tried the effect of lying down with one elbow against the door, and the other arm curled round her head. Still she went on growing, and, as a last resource, she put one arm out of the window, and one foot up the chimney, and said to herself 'Now I can do no more, *whatever happens*. What WILL become of me?'

Luckily for Alice, the little magic bottle had now had its full effect, and she grew no larger: still it was very uncomfortable, and, as there seemed to be no sort of chance of her ever getting out of the room again, no wonder she felt unhappy.

'It was much pleasanter at home,' thought poor Alice, 'when one wasn't always growing larger and smaller, and being ordered about by mice and rabbits. I almost wish I hadn't gone down that rabbit-hole — and yet... and yet... it's rather curious, you know, *this sort of life*! I do wonder what CAN have happened to me! When I used to read fairy-tales, I fancied that kind of thing never happened, and now here I am in the middle of one! There ought to be a book written about me, that there ought! And when I grow up, I'll write one, but I'm grown up now,' she added in a sorrowful tone, 'at least there's no room to grow up any more HERE.'

'But then,' thought Alice, 'shall I NEVER get any older than I am now? That'll be a comfort, one way — never to be an old woman, but then, always to have lessons to learn! Oh, I shouldn't like THAT!'

'Oh, you foolish Alice!' she answered herself. 'How can you learn lessons in here? Why, there's hardly room for YOU, and no room at all for any lesson-books!'

And so she went on, taking first one side and then the other, and making quite a conversation of it altogether; but after a few minutes she heard a voice outside, and stopped to listen.

Но этого уже нельзя было поправить. И Алиса все еще не перестала расти. Скоро ей пришлось стать на колени, потом сесть и, наконец, полулежа, упереться локтем в дверь. Однако и после этого она продолжала становиться все больше и больше. В конце концов, она вынуждена была просунуть одну руку в открытое окно, а одну ногу положить на камин.

— Ну, *кроме этого*, я уже ничего сделать не могу, если стану еще больше, — сказала она; — что-то со мною будет!

К счастью для Алисы, волшебная бутылочка произвела на нее уже все свое действие, и она, наконец, перестала расти. Но в любом случае она попала в большую беду. Не видя никакой возможности выйти из домика, она почувствовала себя несчастной, чему нельзя удивляться.

«Дома было гораздо лучше, — думала бедная девочка. — Там я не делалась ни больше, ни меньше, и кролики и мыши не распоряжались мною. Очень жаль, что я прыгнула в кроличью норку, а между тем... между тем, все же очень интересно пожить *такою жизнью*... Когда я читала волшебные сказки, мне казалось, что таких необыкновенных вещей никогда не бывает, а теперь такие же необыкновенные вещи случились со мной. Нужно было бы написать книжку про меня. Когда я вырасту, то напишу... впрочем, я уже выросла, — грустно прибавила она, — сделаться еще больше мне нельзя, по крайней мере, здесь!»

«Буду ли я становиться старше или нет? — продолжала думать Алиса. — Хорошо, если я никогда не сделаюсь старухой, но зато мне всегда придется учить уроки. Нет, нет, это было бы очень неприятно!»

— Какая ты глупая, Алиса! — вдруг воскликнула она. — Ну, разве можно учиться здесь? Тут даже и для тебя-то едва хватает места, а учебники совсем некуда положить.

Еще некоторое время продолжала Алиса разговаривать сама с собою, как вдруг около дома послышался голос кролика. Она стала прислушиваться.

'Mary Ann! Mary Ann!' said the voice. 'Fetch me my gloves this moment!' Then came a little pattering of feet on the stairs. Alice knew it was the Rabbit coming to look for her, and she trembled till she shook the house, quite forgetting that she was now about *a thousand times as large as* the Rabbit, and had no reason to be afraid of it.

Presently the Rabbit came up to the door, and tried to open it; but, as the door opened inwards, and Alice's elbow was pressed hard against it, *that attempt proved a failure*. Alice heard it say to itself 'Then I'll go round and get in at the window.'

'*THAT you won't*,' thought Alice, and, after waiting till she fancied she heard the Rabbit just under the window, she suddenly spread out her hand, and made a snatch in the air. She did not get hold of anything, but she heard a little shriek and a fall, and a crash of broken glass, from which she concluded that it was just possible it had fallen into a cucumber-frame, or something of the sort.

Next came an angry voice, the Rabbit's, 'Pat! Pat! Where are you?'

And then a voice she had never heard before, 'Sure then I'm here! Digging for apples, yer honour!'

'Digging for apples, indeed!' said the Rabbit angrily. 'Here! Come and help me out of THIS!' (Sounds of more broken glass.)

'Now tell me, Pat, what's that in the window?'

'Sure, it's an arm, yer honour!' (He pronounced it 'arrum.')

'An arm, you goose! Who ever saw one that size? Why, it fills the whole window!'

— Мэри-Энн! Мэри-Энн! — кричал кролик. — Принеси мне перчатки, сию же минуту!

Потом легкие шаги стали подниматься по лестнице наверх. Испугавшись, что кролик войдет и увидит ее, Алиса задрожала так, что затрясся дом; она совсем забыла, что стала теперь чуть не в тысячу раз больше кролика и потому ей нечего бояться его.

Между тем, кролик взошел на лестницу и попробовал отворить дверь; но так как она отпиралась вовнутрь и в нее упирался локоть Алисы, то это, конечно, не удалось ему.

— Обойду кругом, — сказал он, — и влезу в окно.

«Ну, нет, этого не будет», — подумала Алиса. Она стала прислушиваться и когда услыхала, что кролик подошел к окну, высунула из него руку, а потом быстро сжала пальцы в кулак, как будто хотела схватить что-то. Она, конечно, ничего не поймала, но услыхала слабый, жалобный визг и звон разбитого стекла.

«Должно быть, кролик упал на парниковую раму или на что-нибудь в этом роде и разбил стекло», — подумала она.

— Пэт! Пэт! — через минуту сердито закричал кролик, — где ты там?

— Я здесь, сударь, — ответил какой-то незнакомый голос. — Я рою ямку для яблок.

— Роешь ямку? — все так же сердито проговорил кролик. — Поди-ка сюда да помоги мне!

Послышалась какая-то возня, и снова зазвенели разбитые стекла.

— А теперь скажи мне, Пэт, что это такое в окне?

— Конечно, рука, сударь.

— Рука? Дубина ты дубина! А видал ты когда-нибудь руки такой величины? Ведь она заняла все окно!

'Sure, it does, yer honour: but it's an arm for all that.'

'Well, *it's got no business there*, at any rate: go and take it away!'

There was a long silence after this, and Alice could only hear whispers now and then; such as, 'Sure, I don't like it, yer honour, at all, at all!' 'Do as I tell you, you coward!' and at last she spread out her hand again, and made another snatch in the air. This time there were TWO little shrieks, and more sounds of broken glass. 'What a number of cucumber-frames there must be!' thought Alice. 'I wonder what they'll do next! As for pulling me out of the window, I only wish they COULD! I'm sure I don't want to stay in here any longer!'

She waited for some time without hearing anything more: at last came a rumbling of little cartwheels, and the sound of a good many voices all talking together: she made out the words: 'Where's the other ladder? Why, I hadn't to bring but one. Bill's got the other. Bill! fetch it here, lad! Here, put 'em up at this corner. No, tie 'em together first, they don't reach half high enough yet. Oh! they'll do well enough; *don't be particular*. Here, Bill! catch hold of this rope. Will the roof bear? Mind that loose slate. Oh, it's coming down! Heads below!' (a loud crash) 'Now, who did that? It was Bill, I fancy. Who's to go down the chimney? Nay, I shan't! YOU do it! That I won't, then! Bill's to go down. Here, Bill! the master says you're to go down the chimney!'

'Oh! So Bill's got to come down the chimney, has he?' said Alice to herself. '*Shy, they seem to put everything upon Bill!* I wouldn't be in Bill's place for a good deal: this fireplace is narrow, to be sure; but I THINK I can kick a little!'

She drew her foot as far down the chimney as she could, and waited till she heard a little animal (she couldn't guess of what sort it was) scratching and scrambling about in the chimney close above

— Видать не видал, сударь. Но это все-таки рука.

— Ну, *ей тут совсем не место.* Ступай и убери ее!

Затем наступило продолжительное молчание, и только изредка слышался шепот: — Нет, я не могу, сударь, не могу!

— А я говорю, что ты должен сделать это, трус ты этакий!

Алиса опять протянула руку с таким движением, точно она хватается за воздух, и на этот раз послышались два визга и сильный треск разбитого стекла.

«Сколько у них парниковых рам! — подумала Алиса. — Интересно, что дальше будет. Мне бы очень хотелось, чтобы им удалось вытащить меня отсюда! — подумала Алиса. — Мне совсем не улыбается здесь остаться».

Некоторое время все было тихо. Потом послышался стук маленьких колес, и несколько голосов заговорило сразу:

— Где же другая лестница? — Я принес только одну, другая у Билла. — Тащи ее сюда, Билл! — Поставьте их вот к этому углу! — Нет, нужно сначала связать их: они слишком коротки. — Ну, *вот теперь хорошо.* — Иди сюда, Билл, держи вот эту веревку! — А крыша выдержит? — Смотрите, одна черепица шатается, берегите головы! (Раздался страшный треск и грохот.) — Кто это сделал? — Должно быть, Билл! — А кто полезет в трубу — ты? — Ну, уж нет, полезай сам! — Не хочу и я! — Пусть лезет Билл. — Иди сюда, Билл! Твой господин велит тебе лезть в трубу!

«Значит, Билл спустится ко мне через трубу, подумала Алиса. — *Они, кажется, все взваливают на Билла!* Не хотела бы я быть на его месте... Камин очень узок, но моя нога все-таки пролезет в него».

Она просунула ногу в камин, насколько могла дальше и когда что-то маленькое стало, царапаясь, спускаться в трубу, она подумала: «Это Билл!» и стукнула ногой.

her: then, saying to herself 'This is Bill,' she gave one sharp kick, and waited to see what would happen next.

The first thing she heard was a general chorus of 'There goes Bill!' then the Rabbit's voice along, 'Catch him, you by the hedge!' then silence, and then another confusion of voices, 'Hold up his head. Brandy now. Don't choke him. *How was it*, old fellow? What happened to you? Tell us all about it!'

Last came a little feeble, squeaking voice, ('That's Bill,' thought Alice) 'Well, I hardly know. No more, thank ye. I'm better now, but I'm a deal too flustered to tell you, all I know is, something comes at me like a Jack-in-the-box, and up I goes like a sky-rocket!'

'*So you did*, old fellow!' said the others.

'We must burn the house down!' said the Rabbit's voice; and Alice called out as loud as she could, 'If you do, I'll set Dinah at you!'

There was a dead silence instantly, and Alice thought to herself, 'I wonder what they WILL do next! If they had any sense, they'd take the roof off.' After a minute or two, they began moving about again, and Alice heard the Rabbit say, 'A barrowful will do, to begin with.'

'A barrowful of WHAT?' thought Alice, but she had not long to doubt, for the next moment a shower of little pebbles came rattling in at the window, and some of them hit her in the face. 'I'll put a stop to this,' she said to herself, and shouted out, 'You'd better not do that again!' which produced another dead silence.

Сначала послышался шорох, а потом несколько голосов закричало сразу:

— Вон вылезает Билл!

— Держите его! Он упадет! — закричал белый кролик.

Несколько времени все молчали, а потом снова заговорили сразу:

— Поддерживай ему голову!.. Дай ему теперь немного коньяку! Не задуши же его! — *Что с тобой, старина?* — Что такое случилось? — Расскажи нам!

Потом до Алисы донесся слабый, дрожащий голос. («Это говорит Билл», — подумала она.)

— Я и сам не знаю что... Нет, довольно, благодарю вас... Теперь мне лучше, но я еще слишком взволнован, чтобы припомнить все. Знаю только, что вдруг поднялось ко мне снизу что-то огромное, раздался страшный грохот, и я вылетел из трубы, как ракета!

— Да, *совсем как ракета*, старина! — закричали все.

— Придется поджечь дом! — сказал кролик.

Услыхав это, Алиса тотчас же закричала, насколько могла громче:

— Если вы сделаете это, я напущу на вас Дину!

После ее слов наступила глубокая тишина.

«Что-то они придумают теперь? — подумала Алиса. — Будь они поумнее, они разобрали бы крышу».

Через минуту снова послышался шум около домика, и кролик сказал:

— Одной тачки, полагаю, будет достаточно.

«Одной тачки с чем?» — подумала Алиса. Она очень скоро узнала это. Град маленьких камешков посыпался к ней в окно и некоторые из них попали ей в лицо.

«Нужно остановить их», — подумала она и крикнула:

— Не советую вам повторять сделанное!

После этого снова наступила мертвая тишина.

Alice noticed with some surprise that the pebbles were all turning into little cakes as they lay on the floor, and a bright idea came into her head. 'If I eat one of these cakes,' she thought, 'it's sure to make SOME change in my size; and as it can't possibly make me larger, it must make me smaller, I suppose.'

So she swallowed one of the cakes, and was delighted to find that she began shrinking directly. As soon as she was small enough to get through the door, she ran out of the house, and found quite a crowd of little animals and birds waiting outside. The poor little Lizard, Bill, was in the middle, being held up by two guinea-pigs, who were giving it something out of a bottle. They all made a rush at Alice the moment she appeared; but she ran off as hard as she could, and soon found herself safe in a thick wood.

'The first thing I've got to do,' said Alice to herself, as she wandered about in the wood, 'is to grow to my right size again; and the second thing is to find my way into that lovely garden. I think that will be the best plan.'

It sounded an excellent plan, no doubt, and very neatly and simply arranged; the only difficulty was, that she had not the smallest idea how to set about it; and while she was peering about anxiously among the trees, a little sharp bark just over her head made her look up in a great hurry.

An enormous puppy was looking down at her with large round eyes, and feebly stretching out one paw, trying to touch her. 'Poor little thing!' said Alice, in a coaxing tone, and she tried hard to whistle to it; but she was terribly frightened all the time at the thought that it might be hungry, *in which case it would be very likely to eat her up in spite of all her coaxing.*

Hardly knowing what she did, she picked up a little bit of stick, and held it out to the puppy; whereupon the puppy jumped into the

Алиса с удивлением увидела, что попавшие в комнату камешки превратились в пирожки.

«Попробую съесть пирожок, — подумала она, — наверное, от этого изменится мой рост. А так как больше я сделаться не могу, то значит стану меньше».

Она съела пирожок и с радостью заметила, что, действительно, сделалась меньше. Когда рост ее уменьшился настолько, что ей уже можно было пройти в дверь, она выбежала из домика и увидала целую толпу животных и птиц, собравшихся под окном. Бедный Билл — маленькая ящерица — лежал посредине; две морские свинки поддерживали его и давали ему что-то пить из бутылки.

Как только Алиса показалась, все бросились к ней, но она убежала от них и скоро очутилась в густом лесу.

«Прежде всего, — подумала Алиса, идя по лесу, — мне нужно сделаться побольше, такой же, какой я была дома, а потом найти дорогу в чудный сад. Думаю, что это, пожалуй, лучший план действий».

План был на самом деле очень хорош и весьма ловко задуман; единственное затруднение состояло в том, что Алиса положительно не знала, как привести его в исполнение. В то время как она тревожно бродила между деревьями, отыскивая дорогу, у нее над головой раздался отрывистый лай и она с испугом подняла глаза.

Огромный щенок, сидя на ветке, глядел на нее большими круглыми глазами и протягивал лапу, стараясь ее тронуть.

— Бедная крошка! — сказала Алиса как можно ласковее и хотела свистнуть, но не могла. Она ужасно боялась, что собака голодна и, *пожалуй, вздумает съесть ее, несмотря на все ее задабривания.*

Сама не зная зачем, она подняла маленькую веточку и протянула ее щенку. Тот взвизгнул от радости, соскочил на землю

65

air off all its feet at once, with a yelp of delight, and rushed at the stick, and made believe to worry it; then Alice dodged behind a great thistle, to keep herself from being run over; and the moment she appeared on the other side, the puppy made another rush at the stick, and tumbled head over heels in its hurry to get hold of it; then Alice, thinking it was very like having a game of play with a cart-horse, and expecting every moment to be trampled under its feet, ran round the thistle again; then the puppy began a series of short charges at the stick, running a very little way forwards each time and a long way back, and barking hoarsely all the while, till at last it sat down a good way off, panting, with its tongue hanging out of its mouth, and its great eyes half shut.

This seemed to Alice a good opportunity for making her escape; so she set off at once, and ran till she was quite tired and out of breath, and till the puppy's bark sounded quite faint in the distance.

'And yet what a dear little puppy it was!' said Alice, as she leant against a buttercup to rest herself, *and fanned herself with one of the leaves*: 'I should have liked teaching it tricks very much, if... if I'd only been the right size to do it! Oh dear! I'd nearly forgotten that I've got to grow up again! Let me see, how IS it to be managed? I suppose I ought to eat or drink something or other, but the great question is, what?'

The great question certainly was, what? Alice looked all round her at the flowers and the blades of grass, but she did not see anything that looked like the right thing to eat or drink under the circumstances. There was a large mushroom growing near her, about the same height as herself; and when she had looked under it, and on both sides of it, and behind it, it occurred to her that *she might as well look and see* what was on the top of it.

She stretched herself up on tiptoe, and peeped over the edge of the mushroom, and her eyes immediately met those of a large caterpillar, that was sitting on the top with its arms folded, quietly smoking a long hookah, and taking not the smallest notice of her or of anything else.

и бросился к Алисе, делая вид, как будто хочет разорвать веточку на кусочки.

Алиса, боясь попасть собаке под ноги, спряталась за высокий чертополох. Но когда она выглянула с другой стороны чертополоха, щенок снова кинулся на веточку и перекувыркнулся, спеша поскорее схватить ее. Алиса, отлично сознавая, что ей, при теперешнем ее росте, игра со щенком равнялась бы игре с упряжной лошадью, и в ужасе, что щенок может затоптать ее лапами, опять спряталась за чертополохом, а щенок, громко лая, то кидался к нему, то отпрыгивал от него. Наконец он сел довольно далеко от Алисы и, высунув язык, тяжело дыша, прикрыл свои огромные глаза.

Алиса решила воспользоваться удобным случаем. Она побежала со всех ног от щенка и не останавливалась до тех пор, пока не выбилась из сил. Теперь лай собаки чуть слышно доносился издали.

— А все-таки миленький был этот щеночек! — сказала Алиса, прислонившись к цветку *и обмахиваясь листочком.* — Я с удовольствием выучила бы его разным шуткам, не будь я такая маленькая... Ах, я и забыла, что мне нужно, прежде всего, вырасти! Как же сделать это? Должно быть, мне нужно съесть или выпить чего-нибудь. Но чего? Вот в чем вопрос!

Да, вопрос этот очень важный, и Алиса посмотрела кругом на траву и на цветы, но не могла решить, что ей нужно съесть или выпить, чтобы вырасти. Около нее рос большой гриб, величиной с нее. Поглядев на него снизу и с боков, *Алиса захотела поглядеть на него и сверху,* через грибную шляпку.

Она встала на цыпочки и, подняв голову, встретилась глазами с большой голубой гусеницей, которая сидела на грибе и, сложив передние лапки, спокойно курила из длинного кальяна, не обращая на Алису ни малейшего внимания.

Chapter V

Advice from a Caterpillar
Совет гусеницы

The Caterpillar and Alice looked at each other for some time in silence: at last the Caterpillar *took the hookah out of its mouth*, and addressed her in a languid, sleepy voice.

'Who are YOU?' said the Caterpillar.

This was not an encouraging opening for a conversation. Alice replied, rather shyly, 'I, I hardly know, sir, just at present, at least I know who I WAS when I got up this morning, but I think I must have been changed several times since then.'

'What do you mean by that?' said the Caterpillar sternly. 'Explain yourself!'

'I can't explain MYSELF, I'm afraid, sir', said Alice, 'because I'm not myself, you see.'

'*I don't see*,' said the Caterpillar.

'I'm afraid I can't *put it more clearly*,' Alice replied very politely, 'for I can't understand it myself to begin with; and being so many different sizes in a day is very confusing.'

'It isn't,' said the Caterpillar.

А лиса и гусеница некоторое время молча смотрели друг
на друга. Наконец гусеница *вынула мундштук изо рта*
и спросила вялым, сонным голосом:

— Кто вы такая?

Этот вопрос смутил Алису.

— Я... я не знаю, кто я теперь, — робко проговорила она. —
Я знаю только, кем я была, когда встала сегодня утром. С тех
пор я менялась очень много раз.

— Что вы хотите этим сказать? — строго спросила гусеница. — Объяснитесь.

— Мне кажется, я не могу объясниться, — ответила Алиса, — потому что теперь я уже не я.

— *Не понимаю*, — сказала гусеница.

— Очень жаль, но я, *право же, не виновата*, — проговорила
Алиса. — Я и сама не понимаю. Когда столько раз в день стано-
вишься то больше, то меньше, это очень сбивает с толку.

— Нисколько, — сказала гусеница.

'Well, perhaps you haven't found it so yet,' said Alice; 'but when you have *to turn into a chrysalis*, you will some day, you know, and then after that into a butterfly, I should think you'll feel it a little queer, won't you?'

'Not a bit,' said the Caterpillar.

'Well, perhaps your feelings may be different,' said Alice, 'all I know is, it would feel very queer to ME.'

'You!' said the Caterpillar contemptuously. 'Who are YOU?'

Which brought them back again to the beginning of the conversation. Alice felt a little irritated at the Caterpillar's making such VERY short remarks, and she drew herself up and said, very gravely, 'I think, you ought to tell me who YOU are, first.'

'Why?' said the Caterpillar.
Here was another puzzling question, and as Alice could not think of any good reason, and as the Caterpillar seemed to be in a VERY unpleasant state of mind, she turned away.

'Come back!' the Caterpillar called after her. 'I've something important to say!'

This sounded promising, certainly: Alice turned and came back again.

'*Keep your temper*,' said the Caterpillar.

'Is that all?' said Alice, swallowing down her anger as well as she could.

'No,' said the Caterpillar.

Alice thought she might as well wait, as she had nothing else to do, and perhaps after all it might tell her something worth hearing.

— Может быть, вам не приходилось испытать это, — заметила Алиса. — Вот когда вы *сделаетесь куколкой*, а потом бабочкой, то, я думаю, вам будет странно.

— Ни капельки, — отрывисто проговорила гусеница.

— Значит, вы не такая, как я, — сказала Алиса. — Мне это показалось бы очень странным.

— Вам? — презрительно фыркнула гусеница. — Кто вы?

Итак, они снова вернулись к тому, с чего начали. Односложные ответы гусеницы раздражали Алису. Она выпрямилась во весь рост и очень серьезно сказала: — Мне кажется, что вы должны сперва сказать мне, кто вы такая.

— Почему? — спросила гусеница, и так как придумать ответ было трудно, и гусеница была, по-видимому, сильно не в духе, то Алиса повернулась и пошла от нее прочь.

— Вернитесь! — крикнула гусеница. — Мне нужно сказать вам одну очень важную вещь.

Из любопытства Алиса снова подошла к ней.

— *Вы не должны выходить из себя*, — сказала гусеница.

— И это все? — спросила Алиса, стараясь не показать, что рассердилась.

— Нет, — ответила гусеница.

Алиса решила подождать, потому что ей все равно нечего было делать. А гусеница, может быть, скажет что-нибудь интересное.

For some minutes it puffed away without speaking, but at last it unfolded its arms, took the hookah out of its mouth again, and said, 'So you think you're changed, do you?'

'I'm afraid I am, sir,' said Alice, 'I can't remember things as I used, and I don't keep the same size for ten minutes together!'

'Can't remember WHAT things?' said the Caterpillar.

'Well, I've tried to say "HOW DOTH THE LITTLE BUSY BEE," but it all came different!' Alice replied in a very melancholy voice.

'Repeat, "YOU ARE OLD, FATHER WILLIAM,"' said the Caterpillar.

Alice folded her hands, and began:

> *'You are old, Father William,' the young man said,*
> *'And your hair has become very white;*
> *And yet you incessantly stand on your head —*
> *Do you think, at your age, it is right?'*
>
> *'In my youth,' Father William replied to his son,*
> *'I feared it might injure the brain;*
> *But, now that I'm perfectly sure I have none,*
> *Why, I do it again and again.'*
>
> *'You are old,' said the youth, 'as I mentioned before,*
> *And have grown most uncommonly fat;*
> *Yet you turned a back-somersault in at the door —*
> *Pray, what is the reason of that?'*
>
> *'In my youth,' said the sage, as he shook his grey locks,*
> *'I kept all my limbs very supple*
> *By the use of this ointment — one shilling the box —*
> *Allow me to sell you a couple?'*

Несколько времени она молча выпускала клубы дыма, но, наконец, заговорила: — Так вы думаете, что переменились? — спросила она.

— Да, так мне кажется, — ответила Алиса. — Я не могу припомнить того, что знала раньше, и я чуть не через каждые десять минут становлюсь то больше, то меньше.

— Что же вы, собственно говоря, забываете? — спросила гусеница.

— Я попробовала прочитать знакомый стишок, но он у меня вышел совсем другим, — печально ответила Алиса.

— А ну-ка, прочтите наизусть стихотворение «Преподобный отец Вильям».

Алиса сложила руки и начала:

«Папа Вильям, — мальчишка спросил у отца, —
Ты от старости еле живой,
Как в твои-то года ты стоишь без конца
Вверх ногами и вниз головой?»

«Помоложе я был, — тот прошамкал в ответ, —
За мозги опасался, бывало,
Но узнав, что мозгов в голове моей нет,
Я спокойно стою как попало».

«Растолстел ты, как будто ты ешь за троих, —
Говорит ему вновь мальчуган, —
Отчего же с годами твой пыл не утих?
Вечно носишься, как ураган!»

И вздохнул старичок: «Ты бы тоже был рад,
Так носиться порой что есть силы,
Как плеснул бы себе скипидару под зад —
Не желаешь попробовать, милый?»

'You are old,' said the youth, 'and your jaws are too weak
For anything tougher than suet;
Yet you finished the goose, with the bones and the beak —
Pray how did you manage to do it?'

'In my youth,' said his father, 'I took to the law,
And argued each case with my wife;
And the muscular strength, which it gave to my jaw,
Has lasted the rest of my life.'

'You are old,' said the youth, 'one would hardly suppose
That your eye was as steady as ever;
Yet you balanced an eel on the end of your nose —
What made you so awfully clever?'

'I have answered three questions, and that is enough,'
Said his father; 'don't give yourself airs!
Do you think I can listen all day to such stuff?
Be off, or I'll kick you down stairs!'

'That is not said right,' said the Caterpillar.

'Not QUITE right, I'm afraid,' said Alice, timidly, 'some of the words have got altered.'

'It is wrong from beginning to end,' said the Caterpillar decidedly, and there was silence for some minutes.

The Caterpillar was the first to speak.

'What size do you want to be?' it asked.

'Oh, *I'm not particular as to size*,' Alice hastily replied, 'only one doesn't like changing so often, you know.'

'I DON'T know,' said the Caterpillar.

74

«Ты от старости зубы свои растерял, —
Продолжает вопросы мальчишка, —
А гуся на тарелке с костями умял,
Как ты думаешь, это не слишком?»

Отвечает старик: «Я судился не раз,
Не желал бы такого врагу!
Оттого-то теперь я, как прежде, зубаст,
Хоть зубами блеснуть не могу».

«Ты глазами так слаб, что очки не спасут,
Одряхлел ты настолько, хоть плачь!
Как же можешь ты рыбу держать на носу,
Балансируя, словно циркач?»

«Нет уж, хватит с меня! — рассердился старик, —
Слушать вздор не желаю, иначе,
Хоть к ответам таким ты, сынок, не привык,
От пинка полетишь ты, как мячик!»

— Не верно! — крикнула гусеница.

— Должно быть, не совсем верно, — робко сказала Алиса. — Некоторые слова были прежде как будто другие.

— Неверно с самого начала и до конца, — решительно проговорила гусеница.

На несколько минут наступило молчание.

— Какого же роста тебе хотелось бы быть? — спросила гусеница.

— *Главное дело даже не в росте*, — быстро ответила Алиса. — Неприятнее всего, как ты знаешь, меняться так часто.

— Я этого не знаю, — сказала гусеница.

Alice said nothing: she had never been so much contradicted in her life before, and she felt that she was losing her temper.

'Are you content now?' said the Caterpillar.

'Well, I should like to be a LITTLE larger, sir, if you wouldn't mind,' said Alice: 'three inches is such *a wretched height to be.*'

'It is a very good height indeed!' said the Caterpillar angrily, rearing itself upright as it spoke (it was exactly three inches high).

'But I'm not used to it!' pleaded poor Alice in a piteous tone. And she thought of herself, 'I wish the creatures wouldn't be so easily offended!'

'You'll get used to it in time,' said the Caterpillar, and it put the hookah into its mouth and began smoking again.

This time Alice waited patiently until it chose to speak again. In a minute or two the Caterpillar took the hookah out of its mouth and yawned once or twice, and shook itself. Then it got down off the mushroom, and crawled away in the grass, merely remarking as it went, 'One side will make you grow taller, and the other side will make you grow shorter.'

'One side of WHAT? The other side of WHAT?' thought Alice to herself.

'Of the mushroom,' said the Caterpillar, just as if she had asked it aloud, and in another moment it was out of sight.

Alice remained looking thoughtfully at the mushroom for a minute, *trying to make out* which were the two sides of it; and as it was perfectly round, she found this a very difficult question. However,

Алиса промолчала. Никогда до сих пор никто ей так не противоречил и не обрывал ее так на каждом слове. Она почувствовала, что теряет терпение.

— А довольна ты своим теперешним ростом? — спросила гусеница.

— Мне хотелось бы быть немножко повыше, — ответила Алиса. — Семь с половиной сантиметров — *что же это за рост!*

— Это, напротив, прекрасный рост! — с досадой проговорила гусеница и, встав на гриб, вытянулась во всю длину. Она была как раз семи с половиной сантиметров высотой.

— Но я не привыкла к такому росту! — жалобно проговорила бедная Алиса и подумала про себя: «Какие они все здесь обидчивые!»

— Со временем привыкнете, — спокойно сказала гусеница и снова принялась курить.

Алиса стояла и терпеливо ждала, когда ей вздумается заговорить. Минуты через две гусеница перестала курить, зевнула раза два и встряхнулась. Потом она спустилась с гриба и поползла в траву, загадочно проговорив:
— Одна сторона сделает тебя выше, другая ниже.

— Одна сторона чего? Другая сторона чего? — крикнула ей Алиса.

— Гриба, — ответила гусеница и пропала из вида в следующий миг.

Некоторое время Алиса задумчиво глядела на гриб, *стараясь догадаться*, где у него правая и где левая сторона. Так как он был совершенно круглый, то она никак не могла решить это.

at last she stretched her arms round it as far as they would go, and broke off a bit of the edge with each hand.

'And now which is which?' she said to herself, and nibbled a little of the right-hand bit to try the effect: the next moment she felt a violent blow underneath her chin: it had struck her foot!

She was a good deal frightened by this very sudden change, but she felt that there was no time to be lost, as she was shrinking rapidly; so she set to work at once to eat some of the other bit. Her chin was pressed so closely against her foot, that there was hardly room to open her mouth; but she did it at last, and managed to swallow *a morsel of the left-hand bit.*

'Come, my head's free at last!' said Alice in a tone of delight, which changed into alarm in another moment, when she found that her shoulders were nowhere to be found: all she could see, when she looked down, was *an immense length of neck*, which seemed to rise like a stalk out of a sea of green leaves that lay far below her.

'What CAN all that green stuff be?' said Alice. 'And where HAVE my shoulders got to? And oh, my poor hands, how is it I can't see you?' She was moving them about as she spoke, but no result seemed to follow, except a little shaking among the distant green leaves.

As there seemed to be no chance of getting her hands up to her head, she tried to get her head down to them, and was delighted to find that her neck would bend about easily in any direction, like a serpent. *She had just succeeded in curving it down into a graceful zigzag*, and was going to dive in among the leaves, which she found to be nothing but the tops of the trees under which she had been wandering, when a sharp hiss made her draw back in a hurry:

Наконец, она обхватила его обеими руками, насколько могла дальше, и отломила каждой рукой по кусочку от края грибной шляпки.

— Ну, будь, что будет! — сказала Алиса и откусила немножко от кусочка, который был у нее в правой руке. В ту же минуту она почувствовала, как что-то сильно ударило ее под подбородок; он стукнулся об ее ноги.

Такая неожиданная перемена страшно перепугала Алису. Нельзя было терять ни минуты. Чувствуя, что делается ниже и ниже, она торопливо поднесла ко рту другой кусочек. Ее подбородок так плотно прижимался к ногам, что она едва могла открыть рот.

Наконец, это все-таки ей удалось, и она проглотила *кусочек гриба из левой руки...*

— Слава Богу! Моя голова поднялась! — с восторгом воскликнула Алиса. Но недолго пришлось ей радоваться. Оказалось, что теперь плечи ее куда-то пропали. Когда она смотрела вниз, то видела только *необыкновенно длинную шею,* которая поднималась, как высокий стебель, из моря листьев, зеленеющих далеко внизу.

«Что это там внизу такое зеленое? — подумала Алиса. — И куда девались мои плечи? А мои бедные руки — я совсем не вижу их!»

Она задвигала ими, но из этого ничего не вышло: донесся снизу только легкий шорох в зелени.

Так как Алиса не могла поднять рук к голове, то попробовала опустить к ним голову и с радостью увидела, что шея ее может гнуться во все стороны, как змея. *Ей удалось свернуть ее кольцами,* и голова ее стала опускаться на зелень, которую она видела сверху. Оказалось, что это вершины деревьев, под которыми она стояла, когда с ней случилось последнее чудесное превращение.

a large pigeon had flown into her face, and was beating her violently with its wings.

'Serpent!' screamed the Pigeon.

'I'm NOT a serpent!' said Alice indignantly. 'Let me alone!'

'Serpent, I say again!' repeated the Pigeon, but in a more subdued tone, and added with a kind of sob, 'I've tried every way, and nothing seems to suit them!'

'I haven't the least idea what you're talking about,' said Alice.

'I've tried the roots of trees, and I've tried banks, and I've tried hedges,' the Pigeon went on, without attending to her; 'but those serpents! *There's no pleasing them!*'

Alice was more and more puzzled, but she thought there was no use in saying anything more till the Pigeon had finished.

'As if it wasn't trouble enough hatching the eggs,' said the Pigeon, 'but *I must be on the look-out for* serpents night and day! Why, I haven't had a wink of sleep these three weeks!'

'I'm very sorry you've been annoyed,' said Alice, who was beginning to see its meaning.

'And just as I'd taken the highest tree in the wood,' continued the Pigeon, raising its voice to a shriek, 'and just as I was thinking I should be free of them at last, they must come wriggling down from the sky! Ugh, Serpent!'

'But I'm NOT a serpent, I tell you!' said Alice. 'I'm a... I'm a...'

Раздался резкий свист, и вдруг Алиса испуганно откинула голову назад. Большая голубка подлетела к ней и сильно ударила ее клювом по лицу.

— Змея! — кричала голубка.

— Я не змея, — с негодованием ответила Алиса. — Оставь меня в покое!

— А я говорю, что ты змея! — повторила голубка, но уже более сдержанным тоном, и прибавила, зарыдав: — Я пробовала и тут и там, но все оказывалось неподходящим!

— Я не понимаю, о чем ты говоришь, — сказала Алиса.

— Я пробовала корни деревья, пробовала берега реки, пробовала изгороди, — продолжала голубка, не слушая ее. — Но эти змеи! *От них не спасешься нигде.*

Алиса с недоумением слушала ее, но думала, что не стоит задавать вопросы, пока голубка не кончит говорить.

— Как будто мало хлопот с высиживанием яиц! — продолжала голубка. — А *тут еще изволь* день и ночь *оберегать* гнездо от змей! Вот уже три недели, как я не смыкаю глаз!

— Мне очень жаль, что у тебя столько забот и неприятностей, — сказала Алиса, начиная понимать ее.

— А теперь, когда я выбрала самое высокое дерево в лесу, — пронзительно закричала голубка, — и думала, что, наконец, избавилась от змей, они, извиваясь, начинают спускаться с неба! Ух! змея!

— Но я же говорю тебе, что я не змея, — сказала Алиса. — Я... я...

'Well! WHAT are you?' said the Pigeon. 'I can see you're trying to invent something!'

'I... I'm a little girl,' said Alice, rather doubtfully, as she remembered the number of changes she had gone through that day.

'A likely story indeed!' said the Pigeon in a tone of the deepest contempt. 'I've seen a good many little girls in my time, but never ONE with such a neck as that! No, no! You're a serpent; and *there's no use denying it*. I suppose you'll be telling me next that you never tasted an egg!'

'I HAVE tasted eggs, certainly,' said Alice, who was a very truthful child, 'but little girls eat eggs quite as much as serpents do, you know.'

'I don't believe it,' said the Pigeon; 'but if they do, why *then they're a kind of serpent*, that's all I can say.'

This was such a new idea to Alice, that she was quite silent for a minute or two, which gave the Pigeon the opportunity of adding, 'You're looking for eggs, I know THAT well enough, and what does it matter to me whether you're a little girl or a serpent?'

'It matters a good deal to ME,' said Alice hastily, 'but I'm not looking for eggs, as it happens, and if I was, I shouldn't want YOURS: I don't like them raw.'

'Well, be off, then!' said the Pigeon in a sulky tone, as it settled down again into its nest. Alice crouched down among the trees as well as she could, for *her neck kept getting entangled among the branches*, and every now and then she had to stop and untwist it. After a while she remembered that she still held the pieces of mushroom in her hands, and she set to work very carefully, nibbling first

— Ну, кто же ты? — спросила голубка. — Ты сейчас пытаешься придумать.

— Я девочка, — ответила Алиса неуверенно, вспоминая сколько перемен случилось с ней за день.

— Так я и поверю! — воскликнула голубка. — Я видела много девочек в свое время, но не видывала ни одной с такой шеей! Нет, нет, ты змея! *И ты напрасно стараешься вывернуться!* Ты, пожалуй, скоро станешь уверять меня, что никогда не пробовала яиц!

— Я, конечно, ела яйца, — сказала Алиса. (Она была правдивая девочка и не хотела лгать.) — Но ведь ты, наверное, знаешь, что и девочки едят яйца, как змеи?

— Никогда не поверю этому! — воскликнула голубка. — А если они, в самом деле, едят яйца, *значит, они тоже змеи,* только другой породы — вот и все!

Такая мысль никогда не приходила в голову Алисе и потому она на минуту замолчала. А голубка воспользовалась этим и прибавила: — Я знаю, знаю наверняка, что ты забралась сюда за яйцами. А девочка ты или змея, мне решительно все равно.

— Ну, а мне далеко не все равно, — сказала Алиса. — Я не ищу яиц. И если бы даже захотела их, то не взяла бы твоих, я не люблю сырых яиц.

— Так уходи отсюда! — резко крикнула голубка и водворилась в своем гнезде.

Алиса, как могла, поползла между деревьями, стараясь изо всех сил, чтобы ее голова опустилась пониже; но это было очень трудно, *потому что шея ее постоянно запутывалась в ветках,* и ее то и дело приходилось раскручивать.

at one and then at the other, and growing sometimes taller and sometimes shorter, *until she had succeeded in bringing herself down to her usual height.*

It was so long since she had been anything near the right size, that it felt quite strange at first; but she got used to it in a few minutes, and began talking to herself, as usual. 'Come, there's half my plan done now! How puzzling all these changes are! I'm never sure what I'm going to be, from one minute to another! However, I've got back to my right size: the next thing is, to get into that beautiful garden. How IS that to be done, I wonder?' As she said this, she came suddenly upon an open place, with a little house in it about four feet high. 'Whoever lives there,' thought Alice, 'it'll never do to come upon them THIS size: why, I should frighten them out of their wits!' So she began nibbling at the right-hand bit again, and *did not venture to go near the house till she had brought herself down to nine inches high.*

Через некоторое время она вспомнила, что все еще держит в руках кусочки гриба и начала осторожно, понемножку откусывать то от одного, то от другого. Иногда она становилась меньше, иногда больше, и, *наконец, ей удалось сделаться такой, какой она была дома.*

— Половина моего плана приведена в исполнение, и я стала такого роста, как мне хотелось! — воскликнула она. — Теперь мне нужно отыскать чудный сад. Но как же найду я его?

Только что успела она сказать это, как лес кончился, и она вышла на полянку, на которой стоял маленький домик, высотой немного больше метра.

«Кто это живет здесь? — подумала Алиса. — Я теперь слишком велика. Если я войду в дом такая большая, все они с ума сойдут от страха!»

И она, спрятавшись за дерево, начала откусывать понемножку от того кусочка гриба, который держала в левой руке, и продолжала делать это до тех пор, *пока не стала маленькая-маленькая, всего двадцати с небольшим сантиметров ростом.*

Chapter VI

Pig and Pepper
Поросенок и перец

For a minute or two she stood looking at the house, and wondering what to do next, when suddenly a footman in livery came running out of the wood, (she considered him to be a footman because he was in livery: otherwise, judging by his face only, she would have called him a fish), and rapped loudly at the door with his knuckles. It was opened by another footman in livery, with a round face, and large eyes like a frog, and both footmen, Alice noticed, had powdered hair that curled all over their heads. She felt very curious to know what it was all about, and crept a little way out of the wood to listen.

The Fish-Footman began by producing from under his arm a great letter, nearly as large as himself, and this he handed over to the other, saying, in a solemn tone, 'For the Duchess. An invitation from the Queen to play croquet.' The Frog-Footman repeated, in the same solemn tone, only changing the order of the words a little, 'From the Queen. An invitation for the Duchess to play croquet.'

Then they both bowed low, and their curls *got entangled together.*

Alice laughed so much at this, that she had to run back into the wood *for fear of their hearing her*, and when she next peeped out

Несколько минут простояла Алиса, глядя на домик и раздумывая, что ей делать дальше, как вдруг из леса выбежал лакей и громко постучал в дверь домика. Алиса приняла его за лакея только потому, что он был в ливрее; если бы ливреи на нем не было, она приняла бы его за рыбу.

Дверь отворил другой лакей, тоже в ливрее; у него было круглое лицо и выпученные, как у лягушки, глаза. У обоих лакеев волосы были напудрены и завиты. Алисе очень захотелось узнать, что будет дальше. Она выглянула из-за дерева и стала прислушиваться.

Лакей-рыба вынул из подмышки огромный конверт, величиной чуть не с самого себя, и, протянув его другому лакею, торжественно проговорил:

— Герцогине от королевы приглашение на крокет.

Лакей-лягушка также торжественно повторил его слова, немного переставив их:

— От королевы герцогине приглашение на крокет.

Потом оба лакея поклонились друг другу так низко, что чуть не стукнулись головами, и локоны их *спутались*.

Алисе все это показалось до того забавным, что она не могла удержаться от смеха и отбежала подальше в лес, *чтобы они не*

the Fish-Footman was gone, and the other was sitting on the ground near the door, staring stupidly up into the sky.

Alice went timidly up to the door, and knocked.

'There's no sort of use in knocking,' said the Footman, 'and that for two reasons. First, because I'm on the same side of the door as you are, secondly, because they're making such a noise inside, no one could possibly hear you.' And certainly there was a most extraordinary noise going on within, a constant howling and sneezing, and every now and then a great crash, as if a dish or kettle had been broken to pieces.

'Please, then,' said Alice, 'how am I to get in?'

'There might be some sense in your knocking,' the Footman went on without attending to her, 'if we had the door between us. For instance, if you were INSIDE, you might knock, and I could let you out, you know.' He was looking up into the sky all the time he was speaking, and this Alice thought decidedly uncivil. 'But *perhaps he can't help it*,' she said to herself; 'his eyes are so VERY nearly at the top of his head. But at any rate he might answer questions. How am I to get in?' she repeated, aloud.

'I shall sit here,' the Footman remarked, 'till tomorrow...'

At this moment the door of the house opened, and a large plate came skimming out, straight at the Footman's head: it just grazed his nose, and broke to pieces against one of the trees behind him.

услыхали ее. А когда она опять выглянула из леса, лакей-рыба уже ушел, а лакей-лягушка сидел на земле, около двери и с самым глупым видом смотрел на небо.

Алиса робко подошла к двери и постучалась.

— Стучать совершенно ни к чему, — сказал лакей, — и по двум причинам. Во-первых, мы оба находимся по одну и ту же сторону двери; во-вторых, там, внутри, такой шум, что вас все равно не услышат.

И на самом деле в домике ужаснейшим образом шумели. Оттуда доносились пронзительные крики, кто-то чихал, не переставая ни на минуту, а по временам раздавались треск и звон, как будто разбивалась вдребезги посуда.

— Скажите, пожалуйста, как же мне войти? — спросила Алиса.

— Был бы еще хоть какой-нибудь смысл стучаться, — продолжал лакей, не слушая ее, — если бы между нами была дверь. Так, например, если бы вы были внутри, то могли бы постучаться, и я отворил бы дверь и выпустил бы вас.

Говоря это, он все время смотрел на небо, что показалось Алисе очень невежливым. «Он должен бы смотреть на меня, раз он со мною разговаривает».

«Впрочем, — подумала она, — *может быть, ему не удается не смотреть на небо.* Ведь глаза у него чуть ли не на макушке. Но отвечать на вопросы он, во всяком случае, может».

— Как же мне войти в дом? — снова спросила она.

— Я буду сидеть здесь, — задумчиво проговорил лакей, — до завтра.

Дверь в это время отворилась, и оттуда вылетела тарелка. Она задела лакея по носу и разлетелась вдребезги, ударившись о дерево, росшее возле домика.

'...or next day, maybe,' the Footman continued in the same tone, exactly as if nothing had happened.

'How am I to get in?' asked Alice again, in a louder tone.

'*ARE you to get in at all*?' said the Footman. 'That's the first question, you know.'

It was, no doubt: only Alice did not like to be told so. 'It's really dreadful,' she muttered to herself, 'the way all the creatures argue. *It's enough to drive one crazy!*'

The Footman seemed to think this a good opportunity for repeating his remark, with variations. 'I shall sit here,' he said, 'on and off, for days and days.'

'But what am I to do?' said Alice.

'Anything you like,' said the Footman, and began whistling.

'Oh, there's no use in talking to him,' said Alice desperately: 'he's perfectly idiotic!' And she opened the door and went in.

The door led right into a large kitchen, which was full of smoke from one end to the other: the Duchess was sitting on a three-legged stool in the middle, nursing a baby, the cook was leaning over the fire, *stirring a large cauldron which seemed to be full of soup.*

'There's certainly too much pepper in that soup!' Alice said to herself, as well as she could for sneezing.

There was certainly too much of it in the air. Even the Duchess sneezed occasionally; and as for the baby, it was sneezing and

— А может быть, и до послезавтра, — продолжал лакей так же спокойно, как будто ничего особенного не случилось.

— Как же мне войти в дом? — спросила Алиса еще раз, повысив голос.

— Спрашивается, прежде всего, *нужно ли вам входить в этот дом вообще*, — сухо поправил ее лакей.

Лакей был совершенно прав; только Алисе не нравилось, когда с ней так говорили. Она нашла, что лакей ведет себя дерзко и нелюбезно.

«Какие здесь все спорщики! — подумала она. — *От одного этого можно потерять рассудок*».

Так как Алиса молчала, то лакей поспешил воспользоваться удобным случаем и повторил свои слова, несколько изменив их.
— Я буду сидеть здесь, — сказал он, — целыми днями.

— Но что же мне делать? — спросила Алиса.

— Да ничего особенного, — ответил лакей и, не обращая больше внимания на Алису, начал свистеть.

Тогда она, не постучавшись, отворила дверь и вошла в большую, полную дыма, кухню.

Герцогиня сидела посредине на трехногой табуретке и нянчила ребенка; кухарка стояла нагнувшись над огнем и *помешивала что-то вроде супа в большой кастрюле*.

«Она положила в него слишком много перца», — подумала Алиса, чихая.

Перцу было слишком много и в воздухе. Даже герцогиня чихала, почти не переставая, а ребенок поочередно то чихал, то

howling alternately without a moment's pause. The only things in the kitchen that did not sneeze, were the cook, and a large cat which was sitting on the hearth and grinning from ear to ear.

'Please would you tell me,' said Alice, a little timidly, for she was not quite sure *whether it was good manners for her to speak first*, 'why your cat grins like that?'

'It's a Cheshire cat,' said the Duchess, 'and that's why. Pig!'

She said the last word with such sudden violence that Alice quite jumped; but she saw in another moment that it was addressed to the baby, and not to her, so she took courage, and went on again: 'I didn't know that Cheshire cats always grinned; in fact, I didn't know that cats COULD grin.'

'They all can,' said the Duchess, 'and most of 'em do.'

'I don't know of any that do,' Alice said very politely, feeling quite pleased to have got into a conversation.

'You don't know much,' said the Duchess; 'and that's a fact.'

Alice did not at all like the tone of this remark, and thought it would be as well to introduce some other subject of conversation. While she was trying to fix on one, the cook took the cauldron of soup off the fire, and at once set to work throwing everything within her reach at the Duchess and the baby: the fire-irons came first; then followed a shower of saucepans, plates, and dishes. The Duchess took no notice of them even when they hit her; and the baby was howling so much already, that it was quite impossible to say whether the blows hurt it or not.

пронзительно кричал. Не чихали только кухарка да большая кошка, которая сидела около плиты и улыбалась во весь рот.

— Скажите, пожалуйста, — начала Алиса несколько нерешительно, так как не знала, *не поступает ли она невежливо, заговорив первая*, — почему ваша кошка улыбается?

— Это чеширский кот, ему лестно быть в людском обществе, — ответила герцогиня, — вот почему он улыбается. Поросенок!

Она произнесла последнее слово с такой яростью, что Алиса вздрогнула; впрочем, она сейчас же увидала, что герцогиня назвала поросенком не ее, а ребенка.

— Я никогда не слышала, что чеширские коты улыбаются, — сказала Алиса, немного приободрившись. — Я даже не думала, что коты могут улыбаться вообще.

— Да, могут, — ответила герцогиня, — а многие не только могут, но и улыбаются.

— Я до сих пор не знала этого, — сказала Алиса, радуясь, что начался настоящий разговор.

— Как видно, вы мало что знаете, — сказала герцогиня, — в этом и все дело.

Алисе не понравился тон, каким герцогиня сделала свое замечание, и ей захотелось переменить разговор. В то время как она старалась придумать, что бы такое сказать, кухарка сняла кастрюлю с огня и принялась швырять что попало в герцогиню и ребенка. Сначала полетели кочерга, совок и щипцы, а потом посуда: тарелки, блюда, соусники. Герцогиня не обращала на это никакого внимания, даже если что-нибудь попадало в нее; а ребенок и без того постоянно плакал и кричал, так что трудно было судить, чувствует он боль или нет, когда в него попадают разные вещи.

'Oh, PLEASE mind what you're doing!' cried Alice, jumping up and down *in an agony of terror*. 'Oh, there goes his PRECIOUS nose', as an unusually large saucepan flew close by it, and very nearly carried it off.

'*If everybody minded their own business,*' the Duchess said in a hoarse growl, 'the world would go round a deal faster than it does.'

'Which would NOT be an advantage,' said Alice, who felt very glad to get an opportunity of showing off a little of her knowledge. 'Just think of what work it would make with the day and night! You see the earth takes twenty-four hours to turn round on its axis...'

'Talking of axes,' said the Duchess, '*chop off her head!*'

Alice glanced rather anxiously at the cook, to see if she meant to take the hint, but the cook was busily stirring the soup, and seemed not to be listening, so she went on again: 'Twenty-four hours, I THINK, or is it twelve? I...'

'Oh, don't bother ME,' said the Duchess; 'I never could abide figures!' And with that she began nursing her child again, singing a sort of lullaby to it as she did so, and *giving it a violent shake at the end of every line*:

> '*Speak roughly to your little boy,*
> *And beat him when he sneezes:*
> *He only does it to annoy,*
> *Because he knows it teases.*'

> CHORUS.
> (In which the cook and the baby joined):

> '*Wow! wow! wow!*'

— Что вы делаете! — воскликнула Алиса, *с ужасом* глядя на кухарку. — Господи, блюдо оторвет малютке носик!

Огромнейшее блюдо пролетало около самого лица ребенка и, действительно, чуть не оторвало ему нос.

— *Если бы каждый занимался только своим делом,* — хриплым голосом проворчала герцогиня, — то земля обращалась бы вокруг себя гораздо скорее, чем теперь.

— Но ведь это было бы хуже, — возразила Алиса, очень довольная случаем выказать свои познания. — Только подумайте, сколько дел у земли и днем, и ночью, даже теперь. Она в двадцать четыре часа обращается вокруг своей оси. Открытие это сделано ученым и с тех-то пор...

— Топор! — воскликнула герцогиня. — *Отрубить ей голову!*

Алиса тревожно взглянула на кухарку. Неужели она исполнит это приказание? Но кухарка была занята супом и, по-видимому, не обратила никакого внимания на слова герцогини. А потому Алиса снова заговорила.

— В двадцать четыре часа, — повторила она, — кажется так? Или в двенадцать?

— Да не надоедай же мне! — крикнула герцогиня. — Я терпеть не могу цифр и вычислений!

И она принялась укачивать ребенка и напевать что-то вроде колыбельной песенки, *ужаснейшим образом встряхивая его после каждого куплета*:

> Ты брани и бей малютку,
> Если вздумает чихать!
> Ведь чихает он нарочно,
> Чтобы всем надоедать.

(тут герцогиня, кухарка и ребенок подхватывали хором)

Уа! Уа! Уа! Уа!

While the Duchess sang the second verse of the song, she kept tossing the baby violently up and down, and the poor little thing howled so, that Alice could hardly hear the words:

'I speak severely to my boy,
I beat him when he sneezes;
For he can thoroughly enjoy
The pepper when he pleases!'

CHORUS.

'Wow! wow! wow!'

'Here! you may nurse it a bit, if you like!' the Duchess said to Alice, flinging the baby at her as she spoke. 'I must go and get ready to play croquet with the Queen,' and she hurried out of the room. The cook threw a frying-pan after her as she went out, but it just missed her.

Alice caught the baby with some difficulty, as it was a queer-shaped little creature, and held out its arms and legs in all directions, 'just like a star-fish,' thought Alice. The poor little thing *was snorting like a steam-engine when she caught it*, and kept doubling itself up and straightening itself out again, so that altogether, for the first minute or two, it was as much as she could do to hold it.

As soon as she had made out the proper way of nursing it, (which was to twist it up into a sort of knot, and then keep tight hold of its right ear and left foot, so as to prevent its undoing itself) she carried it out into the open air. 'IF I don't take this child away with me,' thought Alice, 'they're sure to kill it in a day or two: wouldn't it be murder to leave it behind?' She said the last words out loud, and the little thing grunted in reply (it had left off sneezing by this time). 'Don't grunt,' said Alice; 'that's not at all a proper way of expressing yourself.'

Напевая второй куплет песенки, герцогиня стала сильно подбрасывать ребенка, а он заревел так отчаянно, что Алиса едва могла разобрать слова песенки:

> Я браню и бью малютку,
> Если примется чихать —
> Пусть привыкнет запах перца,
> Не чихая, он вдыхать!
>
> (хором)
>
> Уа! Уа! Уа! Уа!

— Эй! Можешь понянчить его немножко, если хочешь, — сказала, кончив петь, герцогиня и перебросила ребенка Алисе. — Мне пора идти играть в крокет с королевой.

И она торопливо вышла из комнаты.

Кухарка бросила ей вслед сковородку, но промахнулась и не попала в нее.

Алиса схватила ребенка. Ей было очень трудно держать его: он был как-то странно сложен и постоянно вытягивал в разные стороны свои руки и ноги.

«Точно морская звезда», — подумала Алиса.

Ребенок пыхтел, как паровая машина, и то сгибался чуть не вдвое, то вдруг выпрямлялся и едва не вываливался у нее из рук. Сначала она никак не могла справиться с ним.

Наконец, это удалось ей. Для того чтобы он сидел смирно и не мог упасть, ей пришлось сделать из него что-то вроде узла и крепко держать его за правое ухо и за левую ногу, чтобы он не развязался. Тогда только Алиса решила вынести ребенка на воздух.

«Если я оставлю его здесь, — думала она, — они, того и гляди, убьют его... И тогда я сама буду все равно, что убийца».

Последние слова она произнесла громко, и ребенок хрюкнул ей в ответ; теперь он уже не чихал.

— Не хрюкай, — сказала ему Алиса. — Это нехорошо.

The baby grunted again, and Alice looked very anxiously into its face to see what was the matter with it. There could be no doubt that it had a VERY turn-up nose, *much more like a snout than a real nose*, also its eyes were getting extremely small for a baby: altogether Alice did not like the look of the thing at all. 'But perhaps it was only sobbing,' she thought, and looked into its eyes again, to see if there were any tears.

No, there were no tears. 'If you're going to turn into a pig, my dear,' said Alice, seriously, *'I'll have nothing more to do with you. Mind now!'* The poor little thing sobbed again (or grunted, it was impossible to say which), and they went on for some while in silence.

Alice was just beginning to think to herself, 'Now, what am I to do with this creature when I get it home?' when it grunted again, so violently, that she looked down into its face in some alarm. This time there could be NO mistake about it: it was neither more nor less than a pig, and she felt that it would be quite absurd for her to carry it further.

So she set the little creature down, and felt quite relieved to see it trot away quietly into the wood. 'If it had grown up,' she said to herself, *'it would have made a dreadfully ugly child*: but it makes rather a handsome pig, I think.' And she began thinking over other children she knew, who might do very well as pigs, and was just saying to herself, 'if one only knew the right way to change them...' when she was a little startled by seeing the Cheshire Cat sitting on a bough of a tree a few yards off.

The Cat only grinned when it saw Alice. It looked good-natured, she thought: still it had VERY long claws and a great many teeth, so she felt that it ought to be treated with respect.

'Cheshire Puss,' she began, rather timidly, as she did not at all know whether it would like the name: however, it only grinned

Ребенок снова хрюкнул, и она тревожно взглянула на него, чтобы узнать, что с ним такое. У него было какое-то необыкновенное лицо; нос его был очень приплюснутый, *похожий на пятачок поросенка*, а глаза ужасно маленькие. Он был вообще очень некрасив, и на него неприятно было смотреть.

«Может быть, он не хрюкал, а хныкал», — подумала Алиса и снова взглянула на него, чтобы узнать, мокрые ли у него глаза.

Нет, никаких слез на них не было.

— Если ты сделаешься поросенком, мой милый, — сказала Алиса, — *то я не стану возиться с тобой. Понимаешь?*

Ребенок снова захрюкал или захныкал — трудно было сказать, наверное, что это за звук, — и Алиса некоторое время шла с ним молча.

«Что я буду делать с ним, когда вернусь домой?» — думала она.

Вдруг он снова захрюкал и так громко, что она с беспокойством взглянула на него. И тут она увидела совершенно ясно, что это не ребенок, а поросенок. С какой же стати ей таскать его!

Она опустила поросенка на землю, и он веселой рысью побежал в лес.

— *Он был бы ужасно некрасив*, когда бы вырос, — сказала Алиса, — но из него вышел очень хорошенький поросенок.

И она стала думать о своих знакомы детях, из которых тоже могли бы выйти хорошенькие поросята.

— Если бы я только знала, как превращать их... — сказала она, как вдруг увидела чеширского кота, сидевшего на ветке.

Кот улыбнулся, когда Алиса подошла к нему, и посмотрел очень добродушно. Но так как у него были длинные когти и много острых зубов, то с ним, конечно, следовало обращаться почтительно.

— Чеширская кисонька, — начала Алиса несколько нерешительно, так как не знала, нравится ли коту его имя. Но тот

a little wider. 'Come, it's pleased so far,' thought Alice, and she went on. 'Would you tell me, please, which way I ought to go from here?'

'*That depends a good deal on where you want to get to,*' said the Cat.

'I don't much care where...' said Alice.

'Then it doesn't matter which way you go,' said the Cat.

'...so long as I get SOMEWHERE,' Alice added as an explanation.

'Oh, you're sure to do that,' said the Cat, 'if you only walk long enough.'

Alice felt that this could not be denied, so she tried another question. 'What sort of people live about here?'

'In THAT direction,' the Cat said, waving its right paw round, 'lives a Hatter: and in THAT direction,' waving the other paw, 'lives a March Hare. Visit either you like: they're both mad.'

'But I don't want to go among mad people,' Alice remarked.

'Oh, you can't help that,' said the Cat: 'we're all mad here. I'm mad. You're mad.'

'How do you know I'm mad?' said Alice.

'You must be,' said the Cat, 'or *you wouldn't have come here.*'

Alice didn't think that proved it at all, however, she went on 'And how do you know that you're mad?'

продолжал улыбаться и Алиса, успокоившись сказала: — Скажите мне, пожалуйста, как мне выйти отсюда?

— *Это зависит от того, куда ты хочешь выйти*, — ответил кот.

— Мне, в общем-то, все равно... — начала Алиса.

— Значит все равно, в какую сторону идти, — прервал ее кот.

— ...если я куда-нибудь да выйду, — закончила Алиса.

— Ты, наверное, куда-нибудь да придешь, — сказал кот, — если походишь подольше.

Алиса видела, что кот прав. Нужно было спрашивать как-нибудь по-другому.
— А кто тут живет вокруг? — спросила она.

— В этой стороне, — ответил кот, сделав полукруг правой лапкой, — живет шляпник, а в этой, — он сделал движение левой, — живет мартовский заяц. Ступай к ним, если хочешь. Они оба сумасшедшие.

— Нет, я не хочу идти к сумасшедшим, — сказала Алиса.

— Тут уже ничего не поделаешь, — сказал кот. — Мы все здесь сумасшедшие. Да и ты сама тоже.

— Почему вы думаете, что я сумасшедшая? — спросила Алиса.

— Потому что иначе *ты не пришла бы сюда*.

По мнению Алисы, это было совсем не доказательство, но она не стала возражать.
— А откуда вы знаете, что вы сумасшедший?

'To begin with,' said the Cat, 'a dog's not mad. *You grant that?*'

'I suppose so,' said Alice.

'Well, then,' the Cat went on, 'you see, a dog growls when it's angry, and wags its tail when it's pleased. Now I growl when I'm pleased, and wag my tail when I'm angry. Therefore I'm mad.'

'I call it purring, not growling,' said Alice.

'Call it what you like,' said the Cat. 'Do you play croquet with the Queen today?'

'I should like it very much,' said Alice, 'but I haven't been invited yet.'

'You'll see me there,' said the Cat, and vanished.

Alice was not much surprised at this, *she was getting so used to queer things happening.* While she was looking at the place where it had been, it suddenly appeared again.

'*By-the-bye*, what became of the baby?' said the Cat. 'I'd nearly forgotten to ask.'

'It turned into a pig,' Alice quietly said, just as if it had come back in a natural way.

'I thought it would,' said the Cat, and vanished again.

Alice waited a little, half expecting to see it again, but it did not appear, and after a minute or two she walked on in the direction in which the March Hare was said to live. 'I've seen hatters before,' she said to herself; 'the March Hare will be much the most interest-

—Вот откуда. Ведь собака не сумасшедшая? *Ты согласна с этим?* — спросил кот.

—Да, по-моему, она не сумасшедшая, — согласилась Алиса.

—Хорошо, — сказал кот. — Ты знаешь, что собака ворчит, когда сердится, и машет хвостом, если довольна. А я ворчу, когда я доволен, и машу хвостом, если сержусь. Значит, я сумасшедший.

—Вы мурлычете, а не ворчите, — сказала Алиса.

—Можешь называть как угодно... Будешь ты сегодня играть в крокет с королевой?

—Мне очень хотелось бы, — ответила Алиса, — но меня не приглашали.

—Я сейчас вернусь, — сказал кот и мгновенно исчез.

Алиса этому не особенно удивилась: *она уже привыкла к разным необыкновенным вещам.*

Пока она смотрела на то место, где раньше сидел кот, тот вдруг снова появился.

—*А, кстати,* что случилось с ребенком? — спросил он. — Я совсем забыл об этом узнать.

—Он превратился в поросенка, — спокойно ответила Алиса, как будто в этом не было ничего особенного.

—Я так и знал, — сказал кот и снова исчез.

Алиса подождала немного, думая, что кот опять появится, а потом пошла в ту сторону, где, по словам кота, жил мартовский заяц.

«Шляпников я раньше видала, — подумала она, — и мне гораздо интереснее посмотреть на сумасшедшего зайца. Так как

ing, and perhaps as this is May it won't be raving mad, at least not so mad as it was in March.' As she said this, she looked up, and there was the Cat again, sitting on a branch of a tree.

'Did you say pig, or fig?' said the Cat.

'I said pig,' replied Alice; 'and *I wish you wouldn't keep appearing and vanishing* so suddenly: you make one quite giddy.'

'All right,' said the Cat; and this time it vanished quite slowly, beginning with the end of the tail, and ending with the grin, which remained some time after the rest of it had gone.

'Well! I've often seen a cat without a grin,' thought Alice; 'but a grin without a cat! It's the most curious thing I ever saw in my life!'

She had not gone much farther before she came in sight of the house of the March Hare: she thought it must be the right house, because the chimneys were shaped like ears and *the roof was thatched with fur*. It was so large a house, that she did not like to go nearer till she had nibbled some more of the left-hand bit of mushroom, and raised herself to about two feet high: even then she walked up towards it rather timidly, saying to herself 'Suppose it should be raving mad after all! *I almost wish I'd gone to see the Hatter instead!*'

теперь уж май, то он, может быть, не будет так ужасно беситься, как в марте».

Говоря это, Алиса взглянула вверх и снова увидала кота на ветке.

— Как ты сказала? — спросил кот. — В поросенка или в слоненка?

— Я сказала «в поросенка», — ответила Алиса. — *Как нехорошо, что вы так быстро, сразу, появляетесь и исчезаете!* От этого, право, может закружиться голова.

— Неужели? — сказал кот и на этот раз стал исчезать очень медленно, начиная с кончика хвоста и кончая улыбкой, которая оставалась еще некоторое время после того, как все остальное уже исчезло.

«Котов без улыбки я видала часто, — подумала Алиса. — Но вот улыбку без кота! Это самое сверхъестественное из всего, что я видела здесь».

Взглянув еще раз на ветку, она пошла дальше. Вскоре показался дом мартовского зайца. Трубы торчали на нем, как заячьи уши, *крыша была покрыта мехом.* И дом был такой большой, что Алиса прежде, чем подойти к нему, откусила немножко от кусочка гриба, бывшего у нее в левой руке, и стала ростом чуть больше полуметра. Но и после этого она пошла к дому несколько робко и нерешительно. «А вдруг заяц начнет беситься и буйствовать! — думала она. — *Уж лучше бы мне пойти к шляпнику».*

Chapter VII

A Mad Tea-Party
Безумное чаепитие. Шляпник,
мартовский заяц и сурок

There was a table set out under a tree in front of the house, and the March Hare and the Hatter were having tea at it: a Dormouse was sitting between them, *fast asleep*, and the other two were using it as a cushion, resting their elbows on it, and talking over its head. 'Very uncomfortable for the Dormouse,' thought Alice, '*only, as it's asleep*, I suppose it doesn't mind.'

The table was a large one, but the three were all crowded together at one corner of it: '*No room!* No room!' they cried out when they saw Alice coming. 'There's PLENTY of room!' said Alice indignantly, and she sat down in a large armchair at one end of the table.

'Have some wine,' the March Hare said in an encouraging tone.

Alice looked all round the table, but *there was nothing on it but tea*. 'I don't see any wine,' she remarked.

'There isn't any,' said the March Hare.

'Then it wasn't very civil of you to offer it,' said Alice angrily.

Около самого дома, под деревом стоял стол, накрытый к чаю. Мартовский заяц и шляпник сидели около него и пили чай. Сурок прикорнул между ними и *крепко спал*, а оба приятеля пользовались им, как подушкой, облокачивались на него и беседовали между собою.

«Как неудобно этому бедному сурку, — подумала Алиса. — Хорошо, что он заснул и ничего не замечает».

Стол был большой, но мартовский заяц, шляпник и сурок теснились все на одном конце.

— *Нет места!* Нет места! — закричали заяц и шляпник, увидав подходившую Алису.

— Места, напротив, очень много, — с негодованием сказала она и села в кресло, стоявшее на другом конце стола.

— Хотите вина? — гостеприимно спросил мартовский заяц.

Алиса взглянула на стол; *на нем не было ничего, кроме чая.*

— Я не вижу вина, — заметила она.

— Да его и нет, — сказал мартовский заяц.

— В таком случае очень невежливо с вашей стороны предлагать его, — с досадой проговорила Алиса.

'It wasn't very civil of you to sit down without being invited,' said the March Hare.

'I didn't know it was YOUR table,' said Alice; '*it's laid for a great many more than three.*'

'Your hair wants cutting,' said the Hatter. He had been looking at Alice for some time with great curiosity, and this was his first speech.

'You should learn not to make personal remarks,' Alice said with some severity, 'it's very rude.'

The Hatter opened his eyes very wide on hearing this; but all he SAID was, 'Why is a raven like a writing-desk?'

'Come, we shall have some fun now!' thought Alice. 'I'm glad they've begun asking riddles. I believe I can guess that,' she added aloud.

'Do you mean that you think you can find out the answer to it?' said the March Hare.

'Exactly so,' said Alice.

'Then you should say what you mean,' the March Hare went on.

'I do,' Alice hastily replied; 'at least... at least I mean what I say... that's the same thing, you know.'

'Not the same thing a bit!' said the Hatter. 'You might just as well say that "I see what I eat" is the same thing as "I eat what I see"!'

'You might just as well say,' added the March Hare, 'that "I like what I get" is the same thing as "I get what I like"!'

— А с вашей стороны очень невежливо садиться за стол без приглашения, — заметил мартовский заяц.

— Я не знала, что это ваш стол, — возразила Алиса. — *Он очень большой и накрыт не для троих.*

— А знаете что? — сказал шляпник, — вам следовало бы подстричь волосы. Они у вас такие длинные и некрасивые.
Он с большим любопытством рассматривал Алису и теперь в первый раз заговорил.

— Очень грубо делать такие замечания в лицо, — строго сказала Алиса. — Неужели вы не знаете этого?

Шляпник с удивлением вытаращил глаза, а потом спросил:
— Чем ворон похож на письменный стол?

«Ну, теперь будет повеселее! — подумала Алиса. — Как хорошо, что он придумал загадывать загадки!»
— Мне кажется, я смогу отгадать, — громко сказала она.

— Вы так думаете? — спросил мартовский заяц.

— Да, думаю, — сказала Алиса.

— Тогда так и говорите, — продолжал мартовский заяц.

— Я так и делаю, — быстро сказала Алиса. — То есть мне кажется, отгадаю, если смогу. А ведь это одно и то же.

— Совсем не одно и то же! — воскликнул шляпник. — Разве одно и то же сказать: «Я вижу все, что ем» или «я ем все, что вижу»?

— Конечно, не одно и то же, — добавил мартовский заяц. — Разве все равно сказать: «Мне нравится все, что я добыл» или «я добыл все, что мне нравится»?

'You might just as well say,' added the Dormouse, who seemed to be talking in his sleep, 'that "I breathe when I sleep" is the same thing as "I sleep when I breathe"!'

'It IS the same thing with you,' said the Hatter, and here the conversation dropped, and the party sat silent for a minute, while Alice thought over all she could remember about ravens and writing-desks, which wasn't much.

The Hatter was the first to break the silence. 'What day of the month is it?' he said, turning to Alice: he had taken his watch out of his pocket, and was looking at it uneasily, *shaking it every now and then, and holding it to his ear.*

Alice considered a little, and then said 'The fourth.'

'Two days wrong!' sighed the Hatter. 'I told you *butter wouldn't suit the works*!' he added looking angrily at the March Hare.

'It was the BEST butter,' the March Hare meekly replied.

'Yes, but some crumbs must have got in as well,' the Hatter grumbled: '*you shouldn't have put it in with the bread-knife.*'

The March Hare took the watch and looked at it gloomily: then he dipped it into his cup of tea, and looked at it again: but he could think of nothing better to say than his first remark, 'It was the BEST butter, you know.'

Alice had been looking over his shoulder with some curiosity. 'What a funny watch!' she remarked. 'It tells the day of the month, and doesn't tell what o'clock it is!'

'Why should it?' muttered the Hatter. 'Does YOUR watch tell you what year it is?'

— Конечно, не одно и то же, — проговорил как будто во сне сурок. — Разве все равно, если я скажу: «Я дышу, когда сплю» или «я сплю, когда дышу»?

— Для тебя это как раз все равно, — сказал шляпник.
На этом разговор оборвался, и на несколько минут все замолчали. А Алиса стала придумывать, какое сходство может быть между вороном и письменным столом.

Шляпник заговорил первым.
— Какое у нас сегодня число? — спросил он, обратившись к Алисе. И вынув из кармана часы, он нерешительно глядел на них *и то встряхивал их, то подносил к уху.*

— Четвертое, — ответила Алиса.

— Значит, часы отстали на два дня, — со вздохом сказал шляпник. — Я говорил тебе, *что масло не годится для часов!* — с досадой прибавил он, обернувшись к зайцу.

— Масло это превосходное! — кротко возразил мартовский заяц.

— Но в него могли попасть крошки, — проворчал шляпник. — *Не следовало брать масло хлебным ножом.*

Мартовский заяц взял часы, грустно посмотрел на них и окунул их в чайник.
— Масло было превосходное, — повторил он, вынув часы из чайника.

Алиса, заглядывая ему через плечо, с любопытством рассматривала их.
— Какие смешные часы! — сказала она. — Они показывают дни, но часов не показывают.

— А зачем им показывать? — пробормотал шляпник. — Разве ваши часы показывают, какой теперь год?

'Of course not,' Alice replied very readily: 'but that's because it stays the same year for such a long time together.'

'Which is just the case with MINE,' said the Hatter.

Alice felt dreadfully puzzled. The Hatter's remark *seemed to have no sort of meaning in it*, and yet it was certainly English. 'I don't quite understand you,' she said, as politely as she could.

'The Dormouse is asleep again,' said the Hatter, and he poured a little hot tea upon its nose.

The Dormouse shook its head impatiently, and said, without opening its eyes, 'Of course, of course; just what I was going to remark myself.'

'Have you guessed the riddle yet?' the Hatter said, turning to Alice again.

'No, I give it up,' Alice replied: 'what's the answer?'

'I haven't the slightest idea,' said the Hatter.

'Nor I,' said the March Hare.

Alice sighed wearily. 'I think you might do something better with the time,' she said, 'than waste it in asking riddles that have no answers.'

'If you knew Time as well as I do,' said the Hatter, 'you wouldn't talk about wasting IT. It's HIM.'

'I don't know what you mean,' said Alice.

— Конечно, нет, — быстро ответила Алиса, — да и незачем: ведь год тянется очень долго.

— Вот по той же причине мои часы не показывают часов, — сказал шляпник.

Алису очень удивили его слова, так как *в них совсем не было смысла*, хоть и сказаны они были на родном ее языке.
— Я не могу вас понять, — сказала она, стараясь быть вежливой.

— А сурок заснул опять! — воскликнул, ничего не ответив ей, шляпник и полил горячего чаю на нос сурку.

Тот нетерпеливо мотнул головой и проговорил, не открывая глаз:
— Конечно, конечно: я именно только что хотел это сказать.

— Ну, что же, отгадали вы загадку? — спросил у Алисы шляпник.

— Нет, я не могу отгадать, — ответила Алиса. — Какая будет разгадка?

— А я почем знаю! — воскликнул шляпник.

— Не знаю и я, — сказал мартовский заяц.

Алиса вздохнула.
— По-моему, — заметила она, — задавать загадку, у которой нет разгадки, не стоит. Это только даром терять время.

— Если бы вы знали время, как знаю его я, — воскликнул шляпник, — то не сказали бы этого. Говорили вы когда-нибудь с ним?

— Конечно, нет, — ответила Алиса. — Я вообще не понимаю, что вы хотите сказать.

'Of course you don't!' the Hatter said, tossing his head contemptuously. 'I dare say you never even spoke to Time!'

'Perhaps not,' Alice cautiously replied: 'but I know I have to beat time when I learn music.'

'Ah! *that accounts for it*,' said the Hatter. 'He won't stand beating. Now, if you only kept on good terms with him, he'd do almost anything you liked with the clock. For instance, suppose it were nine o'clock in the morning, just time to begin lessons: you'd only have to whisper a hint to Time, and round goes the clock *in a twinkling*! Half-past one, time for dinner!'

('*I only wish it was*,' the March Hare said to itself in a whisper.)

'That would be grand, certainly,' said Alice thoughtfully: 'but then, I shouldn't be hungry for it, you know.'

'Not at first, perhaps,' said the Hatter, 'but you could keep it to half-past one as long as you liked.'

'Is that the way YOU manage?' Alice asked.

The Hatter shook his head mournfully. 'Not I!' he replied. 'We quarrelled last March, just before HE went mad, you know,' (pointing with his tea spoon at the March Hare,) 'it was at the great concert given by the Queen of Hearts, and I had to sing:

> "*Twinkle, twinkle, little bat!*
> *How I wonder what you're at!*"

You know the song, perhaps?'

— Да куда уж вам! — проворчал шляпник, презрительно качая головой. — Осмелюсь предположить, что вы никогда не сталкивались со временем.

— Наверное, — осторожно ответила Алиса. — Но, правда, мне приходится отбивать его во время уроков музыки.

— Ну, тогда понятно. Время не любит, когда его бьют. Так знайте же, что если бы вы были в хороших отношениях со временем, то оно делало бы для вас все, что угодно. Положим, пробило девять часов — время уроков. Но вам стоило бы только шепнуть времени, что не хочется больше учиться, и *в одно мгновение* быстро закрутились бы стрелки. Половина первого! Обедать пора!

— *Какое счастье, случись это теперь!* — прошептал про себя мартовский заяц.

— Это было бы очень хорошо, — задумчиво проговорила Алиса, — но ведь в таком случае я не успела бы проголодаться к обеду.

— Сначала, конечно. Но ведь стрелки могли бы стоять на половине первого сколько угодно.

— Значит, вы именно так и делаете? — спросила Алиса.

— Теперь нет, — покачав головою, мрачно ответил шляпник. — Я поссорился со временем в марте, когда вот он, — тут шляпник показал на мартовского зайца, — только что сошел с ума. У королевы был концерт, и мне пришлось петь:

> Жил-был у бабушки
> Ящер крылатый,
> Ящер крылатый,
> Ящер крылатый.

— Вы, может быть, знаете эту песню?

'I've heard something like it,' said Alice.

'It goes on, you know,' the Hatter continued, 'in this way:

> "*Up above the world you fly,*
> *Like a tea-tray in the sky.*
> *Twinkle, twinkle...*"'

Here the Dormouse shook itself, and began singing in its sleep 'Twinkle, twinkle, twinkle, twinkle...' and went on so long that they had to pinch it to make it stop.

'Well, I'd hardly finished the first verse,' said the Hatter, 'when the Queen jumped up and bawled out, "He's murdering the time! Off with his head!"'

'How dreadfully savage!' exclaimed Alice.

'And ever since that,' the Hatter went on in a mournful tone, 'he won't do a thing I ask! It's always six o'clock now.'

A bright idea came into Alice's head. 'Is that the reason so many tea-things are put out here?' she asked.

'Yes, that's it,' said the Hatter with a sigh: 'it's always tea-time, and *we've no time to wash the things between whiles.*'

'Then you keep moving round, I suppose?' said Alice.

'Exactly so,' said the Hatter: 'as the things get used up.'

'But what happens when you come to the beginning again?' Alice ventured to ask.

— Знаю что-то в этом роде.

— Дальше, — продолжал шляпник, — песня поется так:

> Бабушка с ящером
> В небе летала,
> В небе летала,
> В небе летала.

Тут сурок вздрогнул и запел во сне «В небе летала, в небе летала», повторяя эти слова так долго, что пришлось его ущипнуть, чтобы заставить замолчать.

— Ну, так вот: только я допел первый куплет, как королева крикнула: «Он даром теряет время. Отрубить ему голову!»

— Как несправедливо и жестоко! — воскликнула Алиса.

— С тех пор время рассердилось на меня, — мрачно проговорил шляпник, — и не делает того, что мне хочется. У нас теперь всегда шесть часов.

— Значит, вот почему у вас все приготовлено для чая? — спросила Алиса.

— Конечно, — с вздохом ответил шляпник. — Ведь вы знаете, что шесть часов — время вечернего чая. *Мы даже не успеваем мыть посуду.* У нас вечное чаепитие.

— Значит, вы от чашки к чашке так и переходите? — спросила Алиса.

— Да, мы вечно так и пересаживаемся от грязной чашки к чистой.

— А что случится, когда все чашки станут грязными?

'Suppose we change the subject,' the March Hare interrupted, yawning. 'I'm getting tired of this. I vote the young lady tells us a story.'

'I'm afraid I don't know one,' said Alice, rather alarmed at the proposal.

'Then the Dormouse shall!' they both cried. 'Wake up, Dormouse!' And they pinched it on both sides at once.

The Dormouse slowly opened his eyes. 'I wasn't asleep,' he said in a hoarse, feeble voice, 'I heard every word you fellows were saying.'

'Tell us a story!' said the March Hare.

'Yes, please do!' pleaded Alice.

'And be quick about it,' added the Hatter, 'or you'll be asleep again before it's done.'

'Once upon a time there were three little sisters,' the Dormouse began in a great hurry; 'and their names were Elsie, Lacie, and Tillie, and they lived at the bottom of a well...'

'What did they live on?' said Alice, who always took a great interest in questions of eating and drinking.

'*They lived on treacle*,' said the Dormouse, after thinking a minute or two.

'They couldn't have done that, you know,' Alice gently remarked; 'they'd have been ill.'

'So they were,' said the Dormouse, 'VERY ill.'

—Не довольно ли толковать об этом? — спросил, зевая, мартовский заяц. — Расскажите нам лучше какую-нибудь историю, — прибавил он, обращаясь к Алисе.

—Я не знаю никаких историй, — возразила Алиса, смущенная этим предложением.

—Тогда пусть рассказывает сурок! — воскликнули в один голос шляпник и мартовский заяц и начали щипать сурка, чтобы он проснулся.

—Я не спал, — проговорил он слабым, хриплым голосом, открыв глаза. — Я слышал все, что вы говорили, друзья мои!

—Расскажи нам что-нибудь, — сказал мартовский заяц.

—Да, пожалуйста, расскажите, — попросила Алиса.

—И поторапливайся, — прибавил шляпник, — а то ты опять заснешь и не закончишь своей истории.

—Давным-давно, — начал сурок, — жили-были три маленькие сестрицы: Эльзи, Леси и Тили. А жили они на дне колодца...

—Что же они там ели? — спросила Алиса, всегда интересовавшаяся едой и питьем.

—*Они ели... только одну патоку*, — немножко подумав, ответил сурок.

—Но так питаться невозможно! — осторожно сказала Алиса. — Они бы от этого заболели.

—Они и были больны, — сказал сурок, — очень больны.

Alice tried to fancy to herself what such an extraordinary ways of living would be like, but it puzzled her too much, so she went on, 'But why did they live at the bottom of a well?'

'Take some more tea,' the March Hare said to Alice, very earnestly.

'I've had nothing yet,' Alice replied in an offended tone, 'so I can't take more.'

'You mean you can't take LESS,' said the Hatter, 'it's very easy to take MORE than nothing.'

'Nobody asked YOUR opinion,' said Alice.

'Who's making personal remarks now?' the Hatter asked triumphantly.

Alice did not quite know what to say to this: so she helped herself to some tea and bread-and-butter, and then turned to the Dormouse, and repeated her question. 'Why did they live at the bottom of a well?'

The Dormouse again took a minute or two to think about it, and then said, 'It was a treacle-well.'

'There's no such thing!' Alice was beginning very angrily, but the Hatter and the March Hare went 'Sh! sh!' and the Dormouse sulkily remarked, 'If you can't be civil, you'd better finish the story for yourself.'

'No, please go on!' Alice said very humbly, 'I won't interrupt again. I dare say there may be ONE.'

Алиса старалась представить себе, как это можно существовать на дне колодца, питаясь одною патокой; но все это показалось ей слишком странным, и она продолжала допрашивать: — Скажите, зачем они жили на дне колодца?

— Не хотите ли выпить еще чашечку чаю? — спросил Алису мартовский заяц.

— Я еще вообще не пила чаю, так что никак не могу выпить «еще чашечку», — оскорбленным тоном отвечала Алиса.

— Вы хотите сказать, что не можете выпить «немного» чаю? — сказал шляпник. — Можно выпить больше, но нельзя меньше, чем ничего.

— А ваше мнение никого не интересует, — заявила Алиса.

— А разве не грубо делать такие замечания в лицо? — спросил, ухмыляясь, шляпник.

Алиса не смогла ответить на этот вопрос. Она налила себе чаю, намазала хлеб маслом и повторила: — Так зачем же они жили на дне колодца?

— Потому что он был паточный, — ответил, опять-таки немножко подумав, сурок.

— Таких колодцев не бывает! — с досадой воскликнула Алиса.
— Тс! Тс! — остановил ее заяц, а сурок обиделся и сердито проговорил:
— Если ты не можешь быть вежливой, то лучше уже сама докончи эту историю.

— Нет, пожалуйста, продолжайте, — начала упрашивать его Алиса. — Я не буду перебивать вас.

'One, indeed!' said the Dormouse indignantly. However, he consented to go on. 'And so these three little sisters — they were learning to draw, you know...'

'What did they draw?' said Alice, quite forgetting her promise.

'Treacle,' said the Dormouse, without considering at all this time.

'I want a clean cup,' interrupted the Hatter: 'let's all move one place on.'

He moved on as he spoke, and the Dormouse followed him: the March Hare moved into the Dormouse's place, and Alice rather unwillingly took the place of the March Hare. The Hatter was the only one *who got any advantage from the change*: and Alice was a good deal worse off than before, as the March Hare had just upset the milk-jug into his plate.

Alice did not wish to offend the Dormouse again, so she began very cautiously: 'But I don't understand. Where did they draw the treacle from?'

'You can draw water out of a water-well,' said the Hatter; 'so I should think you could draw treacle out of a treacle-well, eh, stupid?'

'But they were IN the well,' Alice said to the Dormouse, not choosing to notice this last remark.

'Of course they were,' said the Dormouse, 'well in.'

This answer so confused poor Alice, that she let the Dormouse go on for some time without interrupting it.

'They were learning to draw,' the Dormouse went on, yawning and rubbing its eyes, for it was getting very sleepy, 'and

—Эти три маленькие сестрицы, — снова стал рассказывать сурок, — учились... учились рисовать.

—Что же они рисовали? — спросила Алиса, забыв о своем обещании не прерывать его.

—Патоку, — ответил сурок, на этот раз ни на секунду не задумавшись.

—Мне нужна чистая чашка, — сказал шляпник. — Поменяемся местами.

Сказав это, он встал и вышел из-за стола; сурок последовал за ним; мартовский заяц сел на его место, а Алиса очень неохотно перешла на место мартовского зайца. *От такой перемены выиграл только шляпник*, сидевший теперь в кресле. А Алисе стало гораздо хуже, потому что мартовский заяц пролил молоко на ее тарелку.

—Я только не понимаю, — осторожно начала Алиса, не желая обидеть сурка, — откуда они брали патоку?

—Ведь вы берете воду из колодца, — сказал шляпник. — Почему же нельзя брать из него патоку?

—Но ведь они жили в самом паточном колодце, на дне! — сказала Алиса, не слушая шляпника и обращаясь к сурку.

—Да, — ответил сурок, — на дне.

Этот ответ так смутил Алису, что она некоторое время молча слушала рассказ сони-сурка, не прерывая его.

—Они учились рисовать, — продолжал между тем сурок, зевая и протирая глаза, потому что ему ужасно хотелось

they drew all manner of things, everything that begins with an M...'

'Why with an M?' said Alice.

'Why not?' said the March Hare.

Alice was silent.

The Dormouse had closed its eyes by this time, and was going off into a doze; but, on being pinched by the Hatter, it woke up again with a little shriek, and went on: '...that begins with an M, such as mouse-traps, and the moon, and memory, and muchness, you know you say things are "much of a muchness", did you ever see such a thing *as a drawing of a muchness*?'

'Really, now you ask me,' said Alice, very much confused, 'I don't think...'

'Then you shouldn't talk,' said the Hatter.

This piece of rudeness was more than Alice could bear: she got up in great disgust, and walked off; the Dormouse fell asleep instantly, and *neither of the others took the least notice of her going*, though she looked back once or twice, half hoping that they would call after her: the last time she saw them, they were trying to put the Dormouse into the teapot.

'At any rate I'll never go THERE again!' said Alice as she picked her way through the wood. 'It's the stupidest tea-party I ever was at in all my life!'

Just as she said this, she noticed that one of the trees had a door leading right into it. 'That's very curious!' she thought. 'But ev-

спать. — И все они рисовали разные вещи, которые начинаются на букву «к».

— Почему на «к»? — спросила Алиса и с нетерпением стала ждать ответа.

— А почему бы и нет? — сказал мартовский заяц.

Алиса прикусила губу и замолчала.

Между тем, сурок воспользовался их разговором и, закрыв глаза, задремал. Шляпник сначала не заметил этого и ждал, что сурок будет продолжать свой рассказ. Но тот крепко спал. Видя это, шляпник ущипнул его. Сурок слегка вскрикнул и, проснувшись, продолжал рассказывать:

— Которые начинаются на букву «к», как, например: крысоловка, крокет, климат, количество... Вам не приходилось видеть *нарисованное «количество»*?

— Если вы спрашиваете меня, — нерешительно проговорила Алиса, — то я не думаю...

— А не думаете, так молчите! — перебил ее шляпник.

Такое грубое замечание вывело Алису из себя, и она, вскочив с места, пошла к лесу. Сурок тотчас же заснул, *а остальные не обратили никакого внимания на уход Алисы*, которая несколько раз оглядывалась в надежде, что ее позовут. Когда она оглянулась в последний раз, шляпник и мартовский заяц держали сурка и старались засунуть его в чайник.

— Никогда больше не приду сюда! — сказала Алиса, шагая по лесу. — Ничего глупее этого чаепития в жизни не видела...

Едва она успела это сказать, как увидела дерево, в стволе которого была дверь.

erything's curious today. I think I may as well go in at once.' And in she went.

Once more she found herself in the long hall, and close to the little glass table. 'Now, I'll manage better this time,' she said to herself, and began by taking the little golden key, and unlocking the door that led into the garden. Then *she went to work nibbling at the mushroom* (she had kept a piece of it in her pocket) till she was about a foot high: then she walked down the little passage: and THEN... she found herself at last in the beautiful garden, among the bright flower-beds and the cool fountains.

«Как странно! Что это за дверь? — подумала Алиса. — Посмотрю, что за ней такое».

Отворив дверь, она вошла и очутилась в знакомой длинной и узкой комнате со стеклянным столиком.

— Ну, на этот раз я постараюсь не забыть ничего, — сказала она и, взяв золотой ключик, отперла маленькую дверку. Потом *она начала откусывать понемножку от кусочка гриба*, который был спрятан у нее в кармане и, сделавшись ростом в тридцать сантиметров, пробралась в крошечный вход. Наконец-то ей удалось попасть в чудный сад с фонтанами и клумбами ярких цветов!

Chapter VIII

The Queen's Croquet-Ground
Крокет у королевы

A large rose-tree stood near the entrance of the garden: the roses growing on it were white, but there were three gardeners at it, busily painting them red. Alice thought this a very curious thing, and she went nearer to watch them, and just as she came up to them she heard one of them say, 'Look out now, Five! Don't go splashing paint over me like that!'

'I couldn't help it,' said Five, in a sulky tone, 'Seven jogged my elbow.'

On which Seven looked up and said, 'That's right, Five! Always *lay the blame on others*!'

'YOU'D better not talk!' said Five. 'I heard the Queen say only yesterday you deserved to be beheaded!'

'What for?' said the one who had spoken first.

'That's none of YOUR business, Two!' said Seven.

'Yes, it IS his business!' said Five, 'and I'll tell him — it was for bringing the cook tulip-roots instead of onions.'

У самого входа в сад рос большой розовый куст. На нем распустились белые розы, но три садовника — какого-то необыкновенного вида, совсем плоские и четырехугольные — торопливо перекрашивали их в пунцовый. Алисе это показалось странным, и она подошла поближе.

— Будь осторожнее, Пятерка! — сказал один садовник. — Ты брызгаешь на меня краской.

— Я не виноват, Двойка, — мрачно ответил Пятерка. — Семерка толкает меня под локоть.

— Молодец! — сказал, подняв голову, Семерка. — Ты всегда *все сваливаешь на других.*

— Уже лучше бы ты молчал! — воскликнул Пятерка. — Только третьего дня королева говорила, что тебе нужно отрубить голову.

— А за что? — спросил Двойка.

— Это не твое дело, — ответил Семерка.

— Нет, это его дело, — возразил Пятерка, — и я скажу ему. За то, что он принес повару луковицы тюльпанов вместо репчатого лука.

Seven flung down his brush, and had just begun 'Well, of all the unjust things...' when his *eye chanced to fall upon Alice*, as she stood watching them, and he checked himself suddenly: the others looked round also, and all of them bowed low.

'Would you tell me,' said Alice, a little timidly, 'why you are painting those roses?'

Five and Seven said nothing, but looked at Two. Two began in a low voice, 'Why the fact is, you see, Miss, this here ought to have been a RED rose-tree, and we put a white one in by mistake; and if *the Queen was to find it out*, we should all have our heads cut off, you know. So you see, Miss, we're doing our best, afore she comes, to...' At this moment Five, who had been anxiously looking across the garden, called out 'The Queen! The Queen!' and the three gardeners instantly threw themselves flat upon their faces. There was a sound of many footsteps, and Alice looked round, eager to see the Queen.

First came ten soldiers carrying clubs; these were all shaped like the three gardeners, oblong and flat, with their hands and feet at the corners: next the ten courtiers; these were ornamented all over with diamonds, and walked two and two, as the soldiers did. After these came the royal children; there were ten of them, and the little dears came jumping merrily along hand in hand, in couples: they were all ornamented with hearts. Next came the guests, mostly Kings and Queens, and among them Alice recognised the White Rabbit: it was talking in a hurried nervous manner, smiling at everything that was said, and went by without noticing her. Then followed the Knave of Hearts, carrying the King's crown on a crimson velvet cushion; and, last of all this grand procession, came THE KING AND QUEEN OF HEARTS.

Alice was rather doubtful whether she ought not to lie down on her face like the three gardeners, but she could not remember ever

Семерка бросил кисть.

— Ну, такой несправедливости... — начал он, но вдруг замолчал, *увидев Алису.*

Товарищи его оглянулись и тоже взглянули на нее. А потом они все трое низко поклонились.

— Скажите, пожалуйста, — робко спросила Алиса, — зачем вы перекрашиваете розы?

Пятерка и Семерка молча взглянули на Двойку.

— Дело в том, — прошептал Двойка, — что здесь следовало посадить куст красных роз, а мы по ошибке посадили куст белых. *Если бы королева узнала это*, она, наверное, велела бы отрубить нам головы. Вот мы и спешим перекрасить их прежде, чем она...

— Королева! Королева! — шепнул вдруг Пятерка, который все время тревожно осматривался по сторонам.

Все три садовника тотчас же упали ниц. Послышались приближающиеся шаги, и Алиса посмотрела в ту сторону: ей очень хотелось увидеть королеву.

Впереди шли десять солдат с булавами. Солдаты были такие же четырехугольные и плоские, как садовники; руки и ноги у них тоже были по углам. За ними шли попарно десять придворных, все разукрашенные бриллиантами. Потом следовали королевские дети — их было десять. Они, подпрыгивая, весело бежали, взявшись за руки. Все дети были украшены червонными гербами. За детьми шли гости, по большей части короли и королевы. Белый кролик был тоже тут. Он торопливо и возбужденно говорил, улыбался всему, что говорили другие, и прошел, не заметив Алисы. Затем шел червонный валет с пунцовой бархатной подушкой, на которой лежала королевская корона, и, наконец, в самом конце этой блестящей процессии выступали король и королева червей.

Алиса не знала, нужно ли ей последовать примеру садовников и упасть ниц.

having heard of such a rule at processions; 'and besides, what would be the use of a procession,' thought she, 'if people had all to lie down upon their faces, so that they couldn't see it?' So she stood still where she was, and waited.

When the procession came opposite to Alice, they all stopped and looked at her, and the Queen said severely 'Who is this?' She said it to the Knave of Hearts, who only bowed and smiled in reply.

'Idiot!' said the Queen, tossing her head impatiently; and, turning to Alice, she went on, 'What's your name, child?'

'My name is Alice, so please your Majesty,' said Alice very politely; but she added, to herself, 'Why, they're only a pack of cards, after all. I needn't be afraid of them!'

'And who are THESE?' said the Queen, pointing to the three gardeners who were lying round the rose-tree; for, you see, as they were lying on their faces, and the pattern on their backs was the same as the rest of the pack, she could not tell whether they were gardeners, or soldiers, or courtiers, or three of her own children.

'How should I know?' said Alice, surprised at her own courage. 'It's no business of MINE.'

The Queen turned crimson with fury, and, after glaring at her for a moment like a wild beast, screamed 'Off with her head! Off...'

'Nonsense!' said Alice, very loudly and decidedly, and the Queen was silent.

The King laid his hand upon her arm, and timidly said 'Consider, my dear: she is only a child!'

«Нет, должно быть, не нужно, — подумала она. — Не стоило бы и устраивать процессии, если бы все встречные должны были падать ниц. Ведь тогда никто не мог бы увидеть ее».

Алиса продолжала стоять и смотреть на процессию. Когда король и королева поравнялись с Алисой, все остановились, и королева, обратившись к червонному валету, строго спросила:
— Кто это?
Но он только поклонился и улыбнулся.

— Идиот! — сказала королева, гневно тряся головой.
— Как тебя зовут? — обратилась она к Алисе.

— Меня зовут Алисой, ваше величество, — почтительно ответила та, но подумала про себя: «Да ведь это просто колода карт, и мне их нечего бояться!»

— А это кто? — спросила королева, показав на садовников, лежавших ничком под розовым кустом. Так как они лежали лицами вниз, а спины были у них совершенно такие же, как и у всех других карт, то королева и не могла узнать — солдаты ли это, или садовники, или придворные, или даже ее собственные дети.

— Откуда я знаю? — ответила Алиса, сама удивляясь своей смелости. — Это не мое дело.

Королева вспыхнула от гнева и, злобно поглядев на Алису, крикнула:
— Отрубить ей голову! Отру...

— Что за вздор! — громко сказала Алиса.
Королева замолчала.

— Успокойся, моя дорогая, — робко проговорил король, положив руку на плечо королевы. — Ведь это ребенок!

The Queen turned angrily away from him, and said to the Knave 'Turn them over!'

The Knave did so, very carefully, with one foot.

'Get up!' said the Queen, in a shrill, loud voice, and the three gardeners instantly jumped up, and began bowing to the King, the Queen, the royal children, and everybody else.

'Leave off that!' screamed the Queen. 'You make me giddy.' And then, turning to the rose-tree, she went on, 'What HAVE you been doing here?'

'May it please your Majesty,' said Two, in a very humble tone, going down on one knee as he spoke, 'we were trying...'

'I see!' said the Queen, who had meanwhile been examining the roses. 'Off with their heads!' and the procession moved on, three of the soldiers remaining behind to execute the unfortunate gardeners, who ran to Alice for protection.

'You shan't be beheaded!' said Alice, and she put them into a large flower-pot that stood near. The three soldiers wandered about for a minute or two, looking for them, and then quietly marched off after the others.

'Are their heads off?' shouted the Queen.

'Their heads are gone, if it please your Majesty!' the soldiers shouted in reply.

'That's right!' shouted the Queen. 'Can you play croquet?'

Королева бросила на него гневный взгляд и крикнула валету:
— Перевернуть их!

Валет осторожно перевернул садовников ногой.

— Встаньте! — пронзительно крикнула королева, и садовники, вскочив, стали отвешивать низкие поклоны королю, королеве, королевским детям и всем остальным.

— Довольно! — взвизгнула королева. — У меня от ваших поклонов закружилась голова!.. Что вы здесь делали? — прибавила она, показав на розовый куст.

— Осмелюсь доложить вашему величеству, — робко проговорил Двойка, опустившись на одно колено, — мы старались.

— Понимаю! — воскликнула королева, внимательно смотревшая на розы, в то время как он говорил. — Отрубить им головы!
Процессия двинулась дальше, только остались три солдата, чтобы привести в исполнение приговор над бедными садовниками, которые бросились к Алисе, умоляя ее защитить их.

— Не бойтесь, вас не казнят! — сказала Алиса и запрятала их в стоявший поблизости большой цветочный горшок. Солдаты походили некоторое время то туда, то сюда, разыскивая осужденных, но, не найдя их, ушли.

— Ну, говорите: отрубили им головы? — крикнула королева.

— Отрубили, ваше величество! — дружно ответили солдаты.

— Отлично! — гаркнула королева. — А в крокет вы умеете играть?

The soldiers were silent, and looked at Alice, as the question was evidently meant for her.

'Yes!' shouted Alice.

'Come on, then!' roared the Queen, and Alice joined the procession, wondering very much what would happen next.

'It's... it's a very fine day!' said a timid voice at her side. She was walking by the White Rabbit, who was peeping anxiously into her face.

'Very,' said Alice, 'where's the Duchess?'

'Hush! Hush!' said the Rabbit in a low, hurried tone. He looked anxiously over his shoulder as he spoke, and then raised himself upon tiptoe, put his mouth close to her ear, and whispered '*She's under sentence of execution.*'

'What for?' said Alice.

'Did you say "What a pity!"?' the Rabbit asked.

'No, I didn't,' said Alice, 'I don't think it's at all a pity. I said "What for?"'

'She boxed the Queen's ears...' the Rabbit began. Alice gave a little scream of laughter. 'Oh, hush!' the Rabbit whispered in a frightened tone. 'The Queen will hear you! You see, she came rather late, and the Queen said...'

'Get to your places!' shouted the Queen in a voice of thunder, and people began running about in all directions, tumbling up against each other; however, they got settled down in a minute or

Солдаты молчали, вопрос королевы, очевидно, относился к Алисе.

— Умею! — также громко ответила Алиса.

— Так иди с нами! — взвизгнула королева, и Алиса присоединилась к процессии, раздумывая о том, что будет дальше.

— Какой сегодня... какой сегодня чудный день! — робко проговорил кто-то около нее.
Она оглянулась и увидала белого кролика, тревожно смотревшего на нее.

— Да, чудный, — ответила Алиса. — А где же герцогиня?

— Тс! тс! — прошептал кролик и, поднявшись на цыпочки, шепнул Алисе на ухо: — *она приговорена к смерти!*

— За что? — спросила Алиса

— Вы сказали как жалко? — спросил кролик.

— И не подумала, — отвечала Алиса, — совсем мне ее не жалко, и я только спросила за что?

— Она выдрала королеву за уши... — начал кролик.
Алиса, услыхав это, не могла удержаться от смеха.
— Тише! тише! — остановил ее кролик, — королева услышит вас! Вот, видите, герцогиня пришла слишком поздно, и королева сказала ей...

— По местам! — громовым голосом крикнула королева, и все побежали в разные стороны, натыкаясь друг на друга.
Наконец места были заняты, и игра началась.

two, and the game began. Alice thought she had never seen such a curious croquet-ground in her life; it was all ridges and furrows; the balls were live hedgehogs, the mallets live flamingoes, and the soldiers had to double themselves up and to stand on their hands and feet, to make the arches.

The chief difficulty Alice found at first was in managing her flamingo: she succeeded in getting its body tucked away, comfortably enough, under her arm, with its legs hanging down, but generally, just as she had got its neck nicely straightened out, and was going to give the hedgehog a blow with its head, *it WOULD twist itself round and look up in her face, with such a puzzled expression that she could not help bursting out laughing*: and when she had got its head down, and was going to begin again, it was very provoking to find that the hedgehog had unrolled itself, and was in the act of crawling away: besides all this, there was generally a ridge or furrow in the way wherever she wanted to send the hedgehog to, and, as the doubled-up soldiers were always getting up and walking off to other parts of the ground, Alice soon came to the conclusion that it was a very difficult game indeed.

The players all played at once without waiting for turns, quarrelling all the while, and fighting for the hedgehogs; and in a very short time the Queen was in a furious passion, and went stamping about, and shouting 'Off with his head!' or 'Off with her head!' *about once in a minute.*

Alice began to feel very uneasy: to be sure, she had not as yet had any dispute with the Queen, but she knew that it might happen any minute, 'and then,' thought she, 'what would become of me? They're dreadfully fond of beheading people here; the great wonder is, that there's any one left alive!'

She was looking about for some way of escape, and wondering whether she could get away without being seen, when she noticed a curious appearance in the air: it puzzled her very much at first, but, after watching it a minute or two, *she made it out to be a grin,*

Никогда не случалось Алисе участвовать в такой странной игре. Крокетное поле было все изрыто, как пашня, вместо шаров были живые ежи, вместо молоточков — птицы фламинго, а вместо ворот — солдаты, которые сгибались для этого вдвое и упирались руками в землю.

Алисе было особенно трудно справляться с фламинго. Ей удалось засунуть его подмышку, — ноги его при этом, конечно, висели, — но когда она выпрямляла ему шею, чтобы ударить его головой ежа, *фламинго оборачивался и с таким изумлением глядел на нее, что она не могла удержаться от смеха.* А если она, наконец, опускала ему голову, то почти каждый раз оказывалось, что еж уже развернулся и собирается убежать. Кроме того, в тех редких случаях, когда Алисе удавалось толкнуть ежа и он начинал катиться, ему мешали попадавшиеся на дороге горки и ямки, а изображавшие ворота солдаты постоянно разгибались и расходились в разные стороны. «Ах, как трудно так играть!» — думала Алиса.

Никто не соблюдал никаких правил, все играли сразу, не дожидаясь очереди, и все время ссорились и дрались из-за ежей. А королева *чуть не каждую минуту* топала ногами и кричала: «Отрубить ему голову!.. Отрубить ей голову!»

Алиса начинала тревожиться. Положим, пока все шло благополучно, но все же могло случиться, что, в конце концов, королева велит отрубить голову и ей.

«Что же мне тогда делать? — думала она. — Королева ужасно любит рубить головы. Удивительно, что их еще столько уцелело!»

Алиса начала уж подумывать о том, как бы убежать отсюда, но боялась, что это сейчас же заметят. Вдруг что-то странное появилось в воздухе. Алиса некоторое время вглядывалась и, наконец, *сообразила, что это улыбка* чеширского кота.

and she said to herself 'It's the Cheshire Cat: now I shall have somebody to talk to.'

'How are you getting on?' said the Cat, as soon as there was mouth enough for it to speak with.

Alice waited till the eyes appeared, and then nodded. 'It's no use speaking to it,' she thought, 'till its ears have come, or at least one of them.' In another minute the whole head appeared, and then Alice put down her flamingo, and began an account of the game, feeling very glad she had someone to listen to her. The Cat seemed to think that there was enough of it now in sight, and no more of it appeared.

'I don't think they play at all fairly,' Alice began, in rather a complaining tone, 'and they all quarrel so dreadfully *one can't hear oneself speak* — and they don't seem to have any rules in particular; at least, if there are, nobody attends to them — and you've no idea how confusing it is all the things being alive; for instance, there's the arch I've got to go through next walking about at the other end of the ground — and I should have croqueted the Queen's hedgehog just now, only it ran away *when it saw mine coming!*'

'How do you like the Queen?' said the Cat in a low voice.

'Not at all,' said Alice: 'she's so extremely...' Just then she noticed that the Queen was close behind her, listening: so she went on, '...likely to win, that it's hardly worth while finishing the game.'

The Queen smiled and passed on.

'Who ARE you talking to?' said the King, going up to Alice, and looking at the Cat's head with great curiosity.

«Слава Богу! — подумала она. — Теперь у меня будет с кем поговорить».

— Ну, как дела? — спросил кот, когда рот его увеличился настолько, что он мог говорить.

Алиса подождала появления кошачьих глаз и тогда кивнула ему.

«Сейчас говорить не стоит, — думала она, — нужно подождать, когда покажутся его уши или, по крайней мере, хоть одно ухо».

Через минуту появилась вся голова, и Алиса, опустив на землю фламинго, стала рассказывать про игру в крокет, очень довольная, что есть, кому ее слушать. От всего кота видна была только одна голова; должно быть, он считал, что этого вполне достаточно, и кроме этой головы ничего не появилось.

— Здесь просто невозможно играть, — жаловалась Алиса, — все так ссорятся и кричат, *что не услышишь своего собственного голоса*. И правил у них нет никаких. Вы не можете себе представить, как неудобно играть живыми птицами и ежами. Несколько минут тому назад мой еж прошел в ворота и мне, наверное, удалось бы попасть в ежа королевы, но он, *увидав, что мой еж катится к нему*, преспокойно убежал!

— А как вам понравилась королева? — спросил кот.

— Совсем не понравилась, — ответила Алиса. — Она очень...
Тут Алиса увидела королеву, которая подошла совсем близко и прислушивалась.

— Хорошо играет, — докончила Алиса, — так что заранее знаешь, что придется проиграть.

Королева улыбнулась и пошла дальше.

— С кем это ты разговариваешь? — спросил король, подойдя к Алисе и с удивлением глядя на голову кота.

'It's a friend of mine, a Cheshire Cat,' said Alice, 'allow me to introduce it.'

'I don't like the look of it at all,' said the King, 'however, it may kiss my hand if it likes.'

'I'd rather not,' the Cat remarked.

'Don't be impertinent,' said the King, 'and don't look at me like that!' He got behind Alice as he spoke.

'A cat may look at a king,' said Alice. 'I've read that in some book, but I don't remember where.'

'Well, it must be removed,' said the King very decidedly, and he called the Queen, who was passing at the moment, 'My dear! *I wish you would have this cat removed!*'

The Queen had only one way of settling all difficulties, great or small. 'Off with his head!' she said, without even looking round.

'I'll fetch the executioner myself,' said the King eagerly, and he hurried off.

Alice thought she might as well go back, and see how the game was going on, as she heard the Queen's voice in the distance, screaming with passion. She had already heard her sentence three of the players to be executed for having missed their turns, and she did not like the look of things at all, as the game was in such confusion that she never knew whether it was her turn or not. So she went in search of her hedgehog.

— Это мой друг, чеширский кот, — ответила Алиса. — Могу я представить его вашему величеству?

— Мне он не нравится, — сказал король. — Впрочем, он, пожалуй, может поцеловать мне руку.

— Нет, я уж лучше не поцелую, — сказал кот.

— Не говори дерзостей, — воскликнул король, — и не гляди на меня так!
Сказав это, он спрятался за спину Алисы.

— Даже кошке позволено глядеть на короля, ваше величество, — сказала Алиса; — я это где-то вычитала, но где именно, не помню.

— Ладно! Но все же необходимо его удалить, — повелительным тоном сказал король и крикнул проходившей мимо королеве:
— Милая! *Я хочу, чтобы ты удалила этого кота.*

У королевы был только один способ устранять затруднения и большие, и малые.
— Отрубить ему голову! — крикнула она, даже не взглянув на кота.

— Я сам позову палача! — с жаром сказал король и быстро убежал.

Через несколько минут с крокетного поля донеслись гневные крики королевы. Алиса решила вернуться туда и продолжать игру, хотя ей очень не хотелось этого: королева приговорила к смерти уже троих игроков за то, что они пропустили свою очередь, и Алиса боялась, что она велит отрубить голову и ей. Игра шла без всякого порядка, и Алиса, подталкивая шар, никогда не знала наверняка, ее это очередь или нет.

Однако делать было нечего, и она отправилась искать своего ежа.

The hedgehog was engaged in a fight with another hedgehog, which seemed to Alice an excellent opportunity for croqueting one of them with the other: the only difficulty was, that her flamingo was gone across to the other side of the garden, where Alice could see it trying in a helpless sort of way to fly up into a tree.

By the time she had caught the flamingo and brought it back, the fight was over, and both the hedgehogs were out of sight: 'but it doesn't matter much,' thought Alice, 'as all the arches are gone from this side of the ground.' So she tucked it away under her arm, that it might not escape again, and went back for a little more conversation with her friend.

When she got back to the Cheshire Cat, she was surprised to find quite a large crowd collected round it: there was a dispute going on between the executioner, the King, and the Queen, who were all talking at once, while all the rest were quite silent, and looked very uncomfortable.

The moment Alice appeared, she was appealed to by all three to settle the question, and they repeated their arguments to her, though, as they all spoke at once, she found it very hard indeed to make out exactly what they said.

The executioner's argument was, that you couldn't cut off a head unless there was a body to cut it off from: that he had never had to do such a thing before, and he wasn't going to begin at HIS time of life.

The King's argument was, that anything that had a head could be beheaded, and that you weren't to talk nonsense.

The Queen's argument was, that if something wasn't done about it in less than no time she'd have everybody executed, *all round*. (It was this last remark that had made the whole party look so grave and anxious.)

Оказалось, что он подрался с другим ежом, что, по мнению Алисы, было тем редким случаем, когда им удалось столкнуться. Единственное затруднение состояло в том, что ее фламинго отправился на дальний конец сада и старался, хотя и безуспешно, взлететь на дерево.

Когда Алиса поймала фламинго и пошла за ежом, драка уже кончилась, и обоих ежей нигде не было видно — они куда-то убежали.

«Да и все равно играть невозможно, — подумала Алиса, — потому что все ворота с этой стороны поля ушли восвояси».

Она взяла фламинго подмышку, чтобы он опять не убежал, и пошла назад, к своему другу, чеширскому коту: ей хотелось еще немножко поболтать с ним.

Подходя к нему, Алиса с удивлением увидела окружившую его большую толпу. Король, королева и палач горячо спорили о чем-то и говорили сразу, а все остальные стояли молча и были, по-видимому, сильно встревожены и удручены.

Как только показалась Алиса, трое споривших обратились к ней и попросили ее решить, кто из них прав. Но так как они говорили все сразу, перебивая друг друга, то она не могла ничего понять.

Палач доказывал, что нельзя отрубить голову, у которой нет туловища, значить казнь не может состояться.

Король доказывал, что все, имеющее голову, может быть обезглавлено и что палач несет чушь.

Королева тем временем вопила, что если кот не будет немедленно казнен, то казнены будут *все присутствующие*. (Замечание это удручающе подействовало на всех участников игры.)

Alice could think of nothing else to say but, 'It belongs to the Duchess: you'd better ask HER about it.'

'She's in prison,' the Queen said to the executioner: 'fetch her here.' And the executioner went off like an arrow.

The Cat's head began fading away the moment he was gone, and, by the time he had come back with the Dutchess, it had entirely disappeared; so the King and the executioner ran wildly up and down looking for it, while the rest of the party went back to the game.

— Мне кажется, следовало бы переговорить с герцогиней, — сказала тихо Алиса. — Ведь кот принадлежит ей.

— Герцогиня в тюрьме! Привести ее сюда! — крикнула королева палачу, и он помчался со всех ног.

Как только палач убежал, голова кота начала мало-помалу таять, а когда он вернулся с герцогиней, голова уже исчезла. Король и палач стали бегать во все стороны, разыскивая ее, а общество снова принялось за игру.

Chapter IX

The Mock Turtle's Story
История Фальшивой черепахи

'You can't think how glad I am to see you again, you dear old thing!' said the Duchess, as she tucked her arm affectionately into Alice's, and they walked off together.

Alice was very glad to find her in such a pleasant temper, and thought to herself that perhaps it was only the pepper that had made her so savage when they met in the kitchen.

'When I'M a Duchess,' she said to herself (not in a very hopeful tone though), 'I won't have any pepper in my kitchen AT ALL. Soup does very well without. Maybe it's always pepper that makes people hot-tempered,' she went on, *very much pleased at having found out a new kind of rule*, 'and vinegar that makes them sour, and camomile that makes them bitter, and... and barley-sugar and such things that make children sweet-tempered. I only wish people knew that: then they wouldn't be so stingy about it, you know...'

She had quite forgotten the Duchess by this time, and was a little startled when she heard her voice close to her ear. 'You're thinking about something, my dear, and that makes you forget to talk. I can't tell you just now what the moral of that is, but I shall remember it in a bit.'

—Ты не можешь себе представить, как я рада тебя снова видеть, милочка! — воскликнула герцогиня, схватив Алису за руку, и они вдвоем ушли с крокетного поля.

Алиса была очень довольна, что на этот раз герцогиня была в хорошем расположении духа.

«Должно быть, она была такая злая на кухне только потому, что там очень пахло перцем, — подумала Алиса. — Если бы я была герцогиней, то не велела бы держать на кухне перца. Суп можно варить и без него. А то из-за перца все, пожалуй, будут сердиться, — думала Алиса, *довольная своим открытием*. — От уксуса люди становятся едкими и кислыми; от ромашки — горькими до огорчения, а от... ячменного сахара и других сладостей дети становятся очень добрыми... Если бы все согласились это признать, то никто не скупился бы на сладкое».

Думая так, Алиса совсем забыла про герцогиню и вздрогнула, услыхав ее голос около самого своего уха.

— Ты о чем-то задумалась, милочка? — спросила герцогиня. — Сейчас трудно сказать, какую из этого можно вывести мораль, но, поразмыслив немного, я тебе скажу.

'Perhaps it hasn't one,' Alice ventured to remark.

'Tut, tut, child!' said the Duchess. 'Everything's got a moral, if only you can find it.' And she squeezed herself up closer to Alice's side as she spoke.

Alice did not much like keeping so close to her: first, because the Duchess was VERY ugly; and secondly, because she was exactly the right height to rest her chin upon Alice's shoulder, and it was an uncomfortably sharp chin. However, she did not like to be rude, so she bore it as well as she could.

'The game's going on rather better now,' she said, by way of keeping up the conversation a little.

''Tis so,' said the Duchess: 'and the moral of that is "Oh, 'tis love, 'tis love, that makes the world go round!"'

'Somebody said,' Alice whispered, 'that it's done by everybody minding their own business!'

'Ah, well! It means much the same thing,' said the Duchess, digging her sharp little chin into Alice's shoulder as she added, 'and the moral of THAT is "*Take care of the sense, and the sounds will take care of themselves.*"'

'How fond she is of finding morals in things!' Alice thought to herself.

'I dare say you're wondering why I don't put my arm round your waist,' the Duchess said after a pause: 'the reason is, that I'm doubtful about the temper of your flamingo. Shall I try the experiment?'

— Может быть, никакой морали в этом нет, — решилась сказать Алиса.

— Полно, полно, дитя мое! Нет ничего на свете, что не заключало бы в себе морали. Все дело в том, чтобы ее найти.
И говоря это, она прижалась к Алисе.

Алисе не нравилось, что она так близко прижимается к ней, во-первых, потому что герцогиня раньше была очень злая, а во-вторых, потому что она была как раз такого роста, что ей было удобно опираться подбородком на Алисино плечо.
А подбородок у герцогини был очень острый, и Алисе было неудобно и больно от него. Однако не желая быть грубой, она молчала и терпела.

— Кажется, теперь игра пошла лучше, — сказала она, чтобы начать разговор.

— Да, да, — ответила герцогиня. — Из этого можно вывести следующую мораль:
Сильнее любви ничего в мире нет,
Любовь заставляет вращаться весь свет.

— Кто-то сказал, — возразила Алиса, — что если бы никто не вмешивался в чужие дела, то земля вертелась бы куда быстрее.

— Ну, да! Но это ведь почти одно и то же, — сказала герцогиня, впиваясь в плечико Алисы своим острым подбородком. — Из этого мы сейчас выведем следующую мораль:
Нет ничего важнее смысла, а слово — это звук пустой.

«Как она любит читать мораль!» — подумала Алиса.

— Ты, должно быть, удивляешься, что я не обнимаю тебя за талию, — продолжала герцогиня. — Дело в том, что я боюсь твоего фламинго. Ведь он, пожалуй, рассердится. Или попробовать?

'HE might bite,' Alice cautiously replied, not feeling at all anxious to have the experiment tried.

'Very true,' said the Duchess: 'flamingoes and mustard both bite. And the moral of that is "Birds of a feather flock together."'

'Only mustard isn't a bird,' Alice remarked.

'Right, as usual,' said the Duchess: 'what a clear way you have of putting things!'

'It's a mineral, I THINK,' said Alice.

'Of course it is,' said the Duchess, who seemed ready to agree to everything that Alice said; 'there's a large mustard-mine near here. And the moral of that is "The more there is of mine, the less there is of yours."'

'Oh, I know!' exclaimed Alice, who had not attended to this last remark, 'it's a vegetable. It doesn't look like one, but it is.'

'I quite agree with you,' said the Duchess; 'and the moral of that is *"Be what you would seem to be"* or if you'd like it put more simply *"Never imagine yourself not to be otherwise than what it might appear to others that what you were or might have been was not otherwise than what you had been would have appeared to them to be otherwise."*'

'I think I should understand that better,' Alice said very politely, 'if I had it written down: but I can't quite follow it as you say it.'

'That's nothing to what I could say if I chose,' the Duchess replied, in a pleased tone.

— Он может ущипнуть вас, — сказала Алиса, которой совсем не хотелось, чтобы герцогиня ее обнимала.

— Да, правда, — согласилась герцогиня. — И фламинго, и горчица щиплются. Отсюда можно вывести такую мораль:

> Если птицы одной породы,
> То роднит их сама природа.

— Но горчица совсем не птица, — сказала Алиса.

— Верно, как всегда! — воскликнула герцогиня. — Какая ты умная!

— Горчица, кажется, камень? — спросила Алиса.

— Конечно, камень, — ответила герцогиня, готовая, по-видимому, соглашаться со всем, что бы ни сказала Алиса.

— Ах, нет, я вспомнила! — воскликнула Алиса, не обратив внимание на слова герцогини. — Горчица совсем не камень, а растение, хоть и не похожа на него.

— Совершенно верно, — сказала герцогиня. — Из этого следует мораль: Всегда будь тем, кто ты есть на самом деле. Или говоря более простым языком: никогда не воображай из себя то, что со стороны может показаться совсем не тобой, чтобы не вводить окружающих в заблуждение.

— Что-то я с трудом воспринимаю на слух. Лучше бы вы записали свои слова, чтобы мне легче было их понять, — вежливо проговорила Алиса.

— Я умею говорить гораздо более красноречиво, — сказала польщенная герцогиня.

'Pray don't trouble yourself to say it any longer than that,' said Alice.

'Oh, don't talk about trouble!' said the Duchess. 'I make you a present of everything I've said as yet.'

'A cheap sort of present!' thought Alice. 'I'm glad they don't give birthday presents like that!' But she did not venture to say it out loud.

'Thinking again?' the Duchess asked, with another dig of her sharp little chin.

'I've a right to think,' said Alice sharply, for she was beginning to feel a little worried.

'Just about as much right,' said the Duchess, 'as pigs have to fly; and the m...'

But here, to Alice's great surprise, the Duchess's voice died away, even in the middle of her favourite word 'moral,' and the arm that was linked into hers began to tremble. Alice looked up, and there stood the Queen in front of them, with her arms folded, frowning like a thunderstorm.

'A fine day, your Majesty!' the Duchess began in a low, weak voice.

'Now, I give you fair warning,' shouted the Queen, stamping on the ground as she spoke, 'either you or your head must be off, and *that in about half no time*! Take your choice!'

The Duchess took her choice, and was gone in a moment.

'Let's go on with the game,' the Queen said to Alice, and Alice was too much frightened to say a word, but slowly followed her back to the croquet-ground.

—Пожалуйста, не утруждайте себя, — попросила Алиса.

—Ну что ты! Меня это совсем не затрудняет, — заверила герцогиня. — Если хочешь, я дарю тебе все понятное и все непонятное, сказанное мною нынче.

«Дешевый подарок, — подумала Алиса; — хорошо, что никто не делает таких подарков ко дню рождения». — Но она не решилась повторить свои мысли вслух.

—Опять задумалась? — спросила герцогиня и опять толкнула Алису своим острым подбородком.

—Я имею полное право думать, — резко сказала Алиса, которой все это страшно надоело.

—Такое же право, как право поросенка летать, — сказала герцогиня: — а мораль заключается в следующем...

Но вдруг, к величайшему удивлению Алисы, рука герцогини, сжимавшая руку Алисы, задрожала.

Алиса подняла глаза и увидела королеву, стоявшую в нескольких шагах от них; руки ее были скрещены на груди, брови нахмурены.

—Какая сегодня прекрасная погода, ваше величество! — проговорила герцогиня тихим дрожащим голосом.

—Предупреждаю вас, — крикнула королева, топая ногами, — что или вы *сию же минуту* уйдете отсюда вон, или вон отсюда уйдет ваша голова! Выбирайте! Можете выбирать!

Герцогиня выбрала и в одно мгновение исчезла.

—Пойдем играть, — сказал королева Алисе, которая была до того испугана, что не могла произнести ни слова и молча последовала за ней.

The other guests had taken advantage of the Queen's absence, and were resting in the shade: however, the moment they saw her, they hurried back to the game, the Queen merely remarking that a moment's delay would cost them their lives.

All the time they were playing the Queen never left off quarrelling with the other players, and shouting 'Off with his head!' or 'Off with her head!' Those whom she sentenced were taken into custody by the soldiers, who of course had to leave off being arches to do this, so that by the end of half an hour or so there were no arches left, and all the players, except the King, the Queen, and Alice, were in custody and under sentence of execution.

Then the Queen left off, quite out of breath, and said to Alice, 'Have you seen the Mock Turtle yet?'

'No,' said Alice. 'I don't even know what a Mock Turtle is.'

'It's the thing Mock Turtle Soup is made from,' said the Queen.

'I never saw one, or heard of one,' said Alice.

'Come on, then,' said the Queen, 'and he shall tell you his history.'

As they walked off together, Alice heard the King say in a low voice, to the company generally, 'You are all pardoned.' 'Come, THAT'S a good thing!' she said to herself, for she had felt quite unhappy at the number of executions the Queen had ordered.

Гости, воспользовавшись уходом королевы, бросили игру и сели отдыхать в тени; но, увидев, что она возвращается, они тотчас же поспешно вернулись на крокетное поле и снова принялись играть. А королева спокойно заметила, что за такой несвоевременный отдых они могут поплатиться жизнью.

Во все время игры она постоянно ссорилась с другими игроками и то и дело кричала: «Голову ему долой!» или «Голову ей долой!» Солдаты, изображавшие ворота, должны были теперь стоять на карауле — около осужденных, и потому число ворот стало быстро уменьшаться. Через полчаса не осталось уже ни одного, а все присутствующие, за исключением короля, королевы и Алисы, лежали на земле, приговоренные к смертной казни.

Тогда королева, задыхавшаяся от гнева и усталости, наконец, перестала играть и спросила: — Видела ли ты когда-нибудь Фальшивую черепаху?

— Нет, — ответила Алиса, — я даже не знаю, что такое Фальшивая черепаха.

— Из нее делают суп на манер супа из черепахи, — продолжала королева.

— Никогда не пробовала. Даже не слышала о таком блюде, — сказала Алиса.

— Пойдем к ней. Она расскажет тебе свою историю.

Идя за королевой, Алиса услышала, как король, обратившись к арестованным, испуганно и робко озираясь кругом, тихонько проговорил:
— Вы все помилованы.
«Слава Богу!» — подумала Алиса. Ей было очень жаль несчастных, приговоренных королевою к смерти.

They very soon came upon a Gryphon, lying fast asleep in the sun. (IF you don't know what a Gryphon is, look at the picture.) 'Up, lazy thing!' said the Queen, 'and take this young lady to see the Mock Turtle, and to hear his history. I must go back *and see after some executions I have ordered*'; and she walked off, leaving Alice alone with the Gryphon. Alice did not quite like the look of the creature, but on the whole she thought it would be quite as safe to stay with it as to go after that savage Queen: so she waited.

The Gryphon sat up and rubbed its eyes: then it watched the Queen till she was out of sight: then it chuckled. 'What fun!' said the Gryphon, half to itself, half to Alice.

'What IS the fun?' said Alice.

'Why, SHE,' said the Gryphon. 'It's all her fancy, that: they never execute nobody, you know. Come on!'

'Everybody says "come on!" here,' thought Alice, as she went slowly after it: 'I never was so ordered about in all my life, never!'

They had not gone far before they saw the Mock Turtle in the distance, sitting sad and lonely on a little ledge of rock, and, as they came nearer, *Alice could hear him sighing as if his heart would break*. She pitied him deeply. 'What is his sorrow?' she asked the Gryphon, and the Gryphon answered, very nearly in the same words as before, 'It's all his fancy, that: he hasn't got no sorrow, you know. Come on!'

So they went up to the Mock Turtle, who looked at them with large eyes full of tears, but said nothing.

Вскоре королева и Алиса набрели на Грифона, крепко спавшего на солнышке (если вы не знаете, что такое Грифон, посмотрите на картинку).

— Вставай, лентяй! — крикнула королева, — и отведи эту молодую особу к Фальшивой черепахе. Пусть та расскажет ей свою историю. А я должна уйти *и проверить казни*.

И она ушла, оставив Алису одну с Грифоном.

Он казался ей очень страшным, но, подумав, она нашла, что, пожалуй, будет безопаснее остаться даже с ним, чем идти за этой свирепой королевой.

Грифон сел и протер глаза. Потом он посмотрел на отошедшую уже далеко королеву и усмехнулся.

— Ну и потеха! — сказал он не то про себя, не то Алисе.

— Это ты о чем? — спросила Алиса.

— О королеве, — ответил Грифон. — Такая смешная! Ведь сколько народу приговаривает она к наказанию, даже к смерти, а никогда не казнят никого. Ну, идем!

«Все тут говорят: «ну, идем», и все тут много командуют», — подумала Алиса, медленно шагая за Грифоном.

Они шли недолго и вскоре увидели Фальшивую черепаху. Грустная и одинокая, сидела она на небольшом выступе утеса. А когда они подошли поближе, *Алиса услышала, что черепаха вздыхает так тяжело, как будто у нее разрывается сердце на части.* И Алисе стало очень жаль ее.

— Что у нее за горе? — спросила она у Грифона.

— Никакого горя у нее нет, одно только воображение! — ответил Грифон. — Все свое горе она выдумывает. Идем!

Когда они подошли к черепахе, она подняла на них большие, полные слез глаза, но не произнесла ни слова.

'This here young lady,' said the Gryphon, 'she wants for to know your history, she do.'

'I'll tell it her,' said the Mock Turtle in a deep, hollow tone: 'sit down, both of you, and don't speak a word till I've finished.'

So they sat down, and nobody spoke for some minutes. Alice thought to herself, 'I don't see how he can EVEN finish, if he doesn't begin.' But she waited patiently.

'Once,' said the Mock Turtle at last, with a deep sigh, 'I was a real Turtle.'

These words were followed by a very long silence, broken only by an occasional exclamation of 'Hjckrrh!' from the Gryphon, and the constant heavy sobbing of the Mock Turtle. Alice was very nearly getting up and saying, 'Thank you, sir, for your interesting story,' but she could not help thinking there MUST be more to come, so she sat still and said nothing.

'When we were little,' the Mock Turtle went on at last, more calmly, though still sobbing a little now and then, 'we went to school in the sea. The master was an old Turtle, we used to call him Tortoise...'

'Why did you call him Tortoise, if he wasn't one?' Alice asked.

'We called him Tortoise because he taught us,' said the Mock Turtle angrily: '*really you are very dull!*'

'You ought to be ashamed of yourself for asking such a simple question,' added the Gryphon; and then they both sat silent and looked at poor Alice, who felt ready to sink into the earth. At last

— Вот эта молодая особа, — сказал Грифон, — желает послушать твою историю.

— Хорошо, я все расскажу ей, — ответила черепаха глухим, низким голосом. — Садитесь оба и не говорите ни слова до тех пор, пока я не закончу.

Они сели, и наступило продолжительное молчание.
«Не понимаю, как она может закончить, — подумала Алиса, — если так и не начала!»
Но, несмотря на это, она все-таки сидела и терпеливо ждала.

— Когда-то, — начала, наконец, черепаха, глубоко вздохнув, — я была настоящей черепахой.

После этих слов снова наступило продолжительное молчание, прерываемое от поры до времени возгласом: Иккрр! и рыданием Фальшивой черепахи.
Алисе очень хотелось сказать: «Благодарю вас за ваш интересный рассказ» и уйти, но она продолжала сидеть, в надежде услышать еще что-нибудь.

— Когда мы были маленькие, — начала после долгого молчания черепаха, теперь немного спокойнее, хотя время от времени все-таки останавливалась и начинала рыдать, — мы ходили в школу, в море. Учитель наш был очень старый. Мы называли его сухопутной черепахой.

— Почему же, если он не был сухопутной черепахой? — спросила Алиса.

— Мы называли его так потому, что он двигался очень медленно, — сердито ответила черепаха. — *Какая ты бестолковая!*

— Как тебе не стыдно задавать такие вопросы! — добавил Грифон, а потом они оба сидели некоторое время молча и глядели на бедную Алису, которая готова была провалиться сквозь землю.

the Gryphon said to the Mock Turtle, 'Drive on, old fellow! Don't be all day about it!' and he went on in these words:

'Yes, we went to school in the sea, though you mayn't believe it...'

'I never said I didn't!' interrupted Alice.

'You did,' said the Mock Turtle.

'*Hold your tongue!*' added the Gryphon, before Alice could speak again. The Mock Turtle went on.

'We had the best of educations: in fact, we went to school every day...'

'I'VE been to a day-school, too,' said Alice, 'you needn't be so proud as all that.'

'With extras?' asked the Mock Turtle a little anxiously.

'Yes,' said Alice, 'we learned French and music.'

'And washing?' said the Mock Turtle.

'Certainly not!' said Alice indignantly.

'Ah! then yours wasn't a really good school,' said the Mock Turtle in a tone of great relief. 'Now at OURS they had at the end of the bill, "French, music, AND WASHING extra."'

'You couldn't have wanted it much,' said Alice; 'living at the bottom of the sea.'

'I couldn't afford to learn it,' said the Mock Turtle with a sigh. '*I only took the regular course.*'

—Продолжай, старушка! — сказал, наконец, Грифон. — Не целый же день нам пялиться на тебя!

—Мы ходили в школу, в море, — снова начала черепаха, — хоть ты и не веришь этому.
Тут она искоса взглянула на Алису.

—Я никогда не говорила, что не верю, — возразила Алиса.

—Нет, говорила, — сказала черепаха.

—*Придержи свой язычок!* — прибавил Грифон, прежде чем Алиса успела вымолвить слово.

—Мы получили прекрасное образование, — продолжала черепаха, — и ходили в школу каждый день...

—Я тоже ходила каждый день в школу, — сказала Алиса, — и ты напрасно так гордишься этим.

—А были у вас необязательные предметы? — с беспокойством спросила черепаха.

—Да, были, — ответила Алиса. — Французский язык и музыка.

—А как насчет стирки?

—Нет, стирки не было, — негодуя, ответила Алиса.

—Ну, значит, твоя школа была хуже, — облегченно вздохнув, сказала черепаха. — А мы учились французскому языку, музыке и стирке.

—Так на дне морском в ней не было необходимости, — удивилась Алиса.

—Я не могла себе позволить посещать этот курс, — со вздохом произнесла черепаха. — Я посещала только основной курс.

'What was that?' inquired Alice.

'Reeling and Writhing, of course, to begin with,' the Mock Turtle replied; 'and then the different branches of Arithmetic: Ambition, Distraction, Uglification, and Derision.'

'I never heard of "Uglification,"' Alice ventured to say. 'What is it?'

The Gryphon lifted up both its paws in surprise. 'What! Never heard of uglifying!' it exclaimed. 'You know what to beautify is, I suppose?'

'Yes,' said Alice doubtfully: 'it means to make anything prettier.'

'Well, then,' the Gryphon went on, 'if you don't know what to uglify is, you ARE a simpleton.'

Alice did not feel encouraged to ask any more questions about it, so she turned to the Mock Turtle, and said 'What else had you to learn?'

'Well, there was Mystery,' the Mock Turtle replied, counting off the subjects on his flappers, 'Mystery, ancient and modern, with Seaography: then Drawling, the Drawling-master was an old conger-eel, that used to come once a week: HE taught us Drawling, Stretching, and Fainting in Coils.'

'What was THAT like?' said Alice.

'Well, I can't show it you myself,' the Mock Turtle said: 'I'm too stiff. And the Gryphon never learnt it.'

'Hadn't time,' said the Gryphon: 'I went to the Classics master, though. He was an old crab, HE was.'

— Какие предметы в него входили? — поинтересовалась Алиса.

— Естественно, в первую очередь, начертание и написание, — ответила черепаха. — А также различные виды арифметики: активатика, развлекатика, безобразистика и надсмехастика.

— Впервые слышу о дисциплине «безобразистика», — несмело сказала Алиса. — Что это такое?

Грифон удивленно замахал лапами.
— Как? Никогда не слышали о безобразистике? — воскликнул он. — Вам ведь знаком глагол «украшать»?

— Да, — неуверенно ответила Алиса. — Это значит «делать что-то красивее».

— Ну, вот, — продолжал Грифон. — Почему же тогда вы говорите, что не знаете, что такое «безобразить»?

Алиса не осмелилась продолжать дискуссию на эту тему, поэтому она повернулась к черепахе и спросила:
— А что еще вы изучали?

— Была еще мистерия, — ответила черепаха, загибая пальцы. — Мистерия древних времен и современности. А также мореография. Еще было тягословие, которое преподавал морской угорь, приходящий в школу раз в неделю. Он преподавал тягословие, разворачивание и сворачивание в кольца.

— Это как?

— Не могу продемонстрировать тебе, — ответила черепаха. — Мои мышцы уже не гнутся. А Грифона такому не учили.

— Не было времени, — пояснил Грифон. — Я зато посещал уроки классики. Меня учил старый краб.

'I never went to him,' the Mock Turtle said with a sigh: 'he taught Laughing and Grief, they used to say.'

'So he did, so he did,' said the Gryphon, sighing in his turn; and both creatures hid their faces in their paws.

'And how many hours a day did you do lessons?' said Alice, in a hurry to change the subject.

'Ten hours the first day,' said the Mock Turtle: 'nine the next, and so on.'

'What a curious plan!' exclaimed Alice.

'That's the reason they're called lessons,' the Gryphon remarked: 'because they lessen from day to day.'

This was quite a new idea to Alice, and she thought it over a little before she made her next remark. 'Then the eleventh day must have been a holiday?'

'Of course it was,' said the Mock Turtle.

'*And how did you manage on the twelfth?*' Alice went on eagerly.

'That's enough about lessons,' the Gryphon interrupted in a very decided tone: 'tell her something about the games now.'

— Я у него никогда не училась, — со вздохом проговорила черепаха. — Он преподавал смеховедение и печалезнание, по крайней мере, так говорят.

— Так оно и было, так и было, — подтвердил Грифон, тоже вздыхая, и они закрыли лапами мордочки.

— А сколько часов в день вы учились? — спросила Алиса.

— В первый день — десять, во второй девять и т. д.

— Как странно! — сказала Алиса.

— Это потому, что у нас была особенная школа, — пояснил Грифон.

Такое объяснение не приходило Алисе в голову, и она немного поразмышляла, прежде чем задать следующий вопрос.
— Значит, в одиннадцатый день у вас был праздник?

— Конечно, так, — ответила черепаха.

— *А что же было в двенадцатый?*

— Довольно толковать об уроках, — сказал Грифон. — Расскажи ей лучше что-нибудь про игры.

Chapter X

The Lobster Quadrille
Кадриль омаров

The Mock Turtle sighed deeply, and drew the back of one flapper across his eyes. He looked at Alice, and tried to speak, but for a minute or two sobs choked his voice. 'Same as if he had a bone in his throat,' said the Gryphon: and *it set to work shaking him and punching him in the back*. At last the Mock Turtle recovered his voice, and, with tears running down his cheeks, he went on again:

'You may not have lived much under the sea...' ('I haven't,' said Alice) 'and perhaps you were never even introduced to a lobster...' (Alice began to say 'I once tasted...' but checked herself hastily, and said 'No, never') 'so you can have no idea what a delightful thing a Lobster Quadrille is!'

'No, indeed,' said Alice. 'What sort of a dance is it?'

'Why,' said the Gryphon, 'you first form into a line along the sea-shore...'

Черепаха глубоко вздохнула, провела перепончатой лапой по лицу, взглянула на Алису, разинула рот, но не могла произнести ни слова; ее душили рыдания.

— Ей как будто попала кость в горло, — сказал Грифон и *стал встряхивать черепаху и колотить ее по спине.*

Наконец, она немножко успокоилась и начала рассказывать, несмотря на то, что слезы текли у нее из глаз.

— Ты, должно быть, редко бывала на дне морском? — спросила она у Алисы.

— Никогда не была, — ответила Алиса.

— И, может быть, даже никогда не была представлена омару?

— Как-то раз я ела омара... — начала было Алиса, но спохватилась и быстро проговорила: — Никогда.

— Значит, ты не имеешь понятия о том, как красива кадриль омаров!

— Действительно, не имею, — сказала Алиса. — Как же ее танцуют?

— Сначала, — сказал Грифон, — все становятся на морском берегу...

'Two lines!' cried the Mock Turtle. 'Seals, turtles, salmon, and so on; then, when you've cleared all the jelly-fish out of the way...'

'THAT generally takes some time,' interrupted the Gryphon.

'...you advance twice...'

'Each with a lobster as a partner!' cried the Gryphon.

'Of course,' the Mock Turtle said: 'advance twice, set to partners...'

'...change lobsters, *and retire in same order*,' continued the Gryphon.

'Then, you know,' the Mock Turtle went on, 'you throw the...'

'The lobsters!' shouted the Gryphon, with a bound into the air.

'...as far out to sea as you can...'

'Swim after them!' screamed the Gryphon.

'Turn a somersault in the sea!' cried the Mock Turtle, *capering wildly about.*

'Change lobsters again!' yelled the Gryphon at the top of its voice.

'Back to land again, and that's all the first figure,' said the Mock Turtle, suddenly dropping his voice; and the two creatures, who had been jumping about like mad things all this time, sat down again very sadly and quietly, and looked at Alice.

—Становятся в два ряда, — прервала его черепаха, — черепахи, тюлени, лососи и многие другие; затем, когда очистят дорогу от медуз, морских звезд и им подобных...

—На что, конечно, уходит довольно много времени, — добавил Грифон.

—Затем все выступают парами, — возбужденно проговорила черепаха.

—С омарами за кавалеров! — крикнул Грифон.

—Разумеется, — сказала черепаха. — Подходят два раза к своим визави...

—Меняются кавалерами и *возвращаются назад*, — добавил Грифон.

—Потом кидают... — с жаром сказала черепаха.

—Омаров! — воскликнул Грифон, высоко подпрыгнув.

—Как можно дальше в море!

—Плывут за ними! — пронзительно закричал Грифон.

—Кувыркаются в море! — воскликнула черепаха, *возбужденно прыгая из стороны в сторону*.

—Снова меняются омарами! — заревел Грифон.

—И возвращаются на берег: это первая фигура, — сказала черепаха, и голос ее вдруг упал.
Оба они, и Грифон, и черепаха, все время прыгавшие, как безумные, стали грустны и, усевшись, молча глядели на Алису.

'It must be a very pretty dance,' said Alice timidly.

'Would you like to see a little of it?' said the Mock Turtle.

'Very much indeed,' said Alice.

'Come, let's try the first figure!' said the Mock Turtle to the Gryphon. 'We can do without lobsters, you know. Which shall sing?'

'Oh, YOU sing,' said the Gryphon. 'I've forgotten the words.'

So they began solemnly dancing round and round Alice, every now and then treading on her toes when they passed too close, and waving their forepaws to mark the time, while the Mock Turtle sang this, very slowly and sadly:

'"Will you walk a little faster?" said a whiting to a snail.
"There's a porpoise close behind us, and he's treading on my tail.
See how eagerly the lobsters and the turtles all advance!
They are waiting on the shingle — will you come and join
                     the dance?
  Will you, won't you, will you, won't you, will you join
                     the dance?
  Will you, won't you, will you, won't you, won't you join
                     the dance?

"You can really have no notion how delightful it will be
When they take us up and throw us, with the lobsters, out to sea!"
But the snail replied "Too far, too far!" and gave a look askance —
Said he thanked the whiting kindly, but he would not join
                     the dance.
  Would not, could not, would not, could not, would not join
                     the dance.
  Would not, could not, would not, could not, could not join
                     the dance.

— Это, должно быть, очень славный танец, — помолчав, нерешительно проговорила Алиса.

— А хотелось бы тебе посмотреть на него? — спросила черепаха.

— Да, мне очень хотелось бы, — ответила Алиса.

— Протанцуем первую фигуру, — сказала черепаха Грифону. — Можно обойтись и без омаров. А кто будет петь?

— Пой ты, — сказал Грифон, — я забыл слова.

Они начали танцевать вокруг Алисы, то и дело наступая ей на ноги, выбивая такт передними лапами, а черепаха запела медленно и грустно:

Поскорее собирайся! — звал улитку наш лосось. —
Чтоб отстать от черепахи нам с тобою не пришлось.
По пятам тюлени мчатся, и стоять я не могу.
Что за славный бойкий танец спляшем мы на берегу!

Будешь — не будешь, будешь — не будешь, будешь — не будешь
плясать с нами там?
Будешь — не будешь, будешь — не будешь, будешь — не будешь
плясать с нами там?

Как начнут швырять нас в море — то-то будет кутерьма!
Полетят сперва омары, а потом нырнешь сама.
«Нет, улитке там не место, — услыхал лосось ответ, —
Вам привольно в синем море, ну а мне, пожалуй, нет!»

Нет, я не буду, нет, я не буду, нет, я не буду
плясать с вами там!
Нет, я не буду, нет, я не буду, нет, я не буду
плясать с вами там!

'"What matters it how far we go?" his scaly friend replied.
"There is another shore, you know, upon the other side.
The further off from England the nearer is to France —
Then turn not pale, beloved snail, but come and join the dance.
Will you, won't you, will you, won't you, will you join
                                                                the dance?
Will you, won't you, will you, won't you, won't you join
                                                                the dance?"'

'Thank you, it's a very interesting dance to watch,' said Alice, feeling very glad that it was over at last: 'and *I do so like that curious song about the whiting*!'

'Oh, as to the whiting,' said the Mock Turtle, 'they... you've seen them, of course?'

'Yes,' said Alice, 'I've often seen them at dinn...' she checked herself hastily.

'I don't know where Dinn may be,' said the Mock Turtle, 'but if you've seen them so often, of course you know what they're like.'

'I believe so,' Alice replied thoughtfully. 'They have their tails in their mouths, and they're all over crumbs.'

'You're wrong about the crumbs,' said the Mock Turtle: '*crumbs would all wash off in the sea*. But they HAVE their tails in their mouths; and the reason is...' here the Mock Turtle yawned and shut his eyes. 'Tell her about the reason and all that,' he said to the Gryphon.

'The reason is,' said the Gryphon, 'that *they WOULD go with the lobsters to the dance*. So they got thrown out to sea. So they had to fall a long way. So they got their tails fast in their mouths. So they couldn't get them out again. That's all.'

— Благодарю вас, это прекрасный и интересный танец, — сказала Алиса, очень довольная, что он, наконец, кончился. — *Я ужасно люблю песенки о лососях.*

— Лососей вам, конечно, случалось видеть? — спросила черепаха.

— Да, я часто их видела на об... — ответила Алиса. Она чуть было не сказала: «на обедах», но вовремя остановилась.

— Итак, вы их часто видели, — продолжала черепаха, — и отлично знаете, на что они похожи.

— Пожалуй, — задумчиво сказала Алиса, — лососи, по-моему, держат хвост во рту и бывают покрыты сухариками, то есть они у них на спинках.

— Вы ошибаетесь, — сказала черепаха, — сухариков на них нет. *Ведь сухарики были бы смыты морскими волнами*, но хвосты во рту они действительно держат, поскольку... — черепаха вдруг зевнула и закрыла глаза. — Расскажи же ей, почему они это делают, расскажи подробно обо всем, — сказала она Грифону.

— Они держат хвост во рту, — пояснил Грифон, — *чтобы плясать с омарами.* Вот и выбросили их в море, вот и упали они далеко, описав дугу по воздуху, вот и зажали они крепко накрепко хвост во рту, вот и трудно им бывает его выпустить... Вот и все!

'Thank you,' said Alice, 'it's very interesting. I never knew so much about a whiting before.'

'I can tell you more than that, if you like,' said the Gryphon. 'Do you know why it's called a whiting?'

'I never thought about it,' said Alice. 'Why?'

'IT DOES THE BOOTS AND SHOES,' the Gryphon replied very solemnly.

Alice was thoroughly puzzled. 'Does the boots and shoes!' she repeated in a wondering tone.

'Why, what are YOUR shoes done with?' said the Gryphon. 'I mean, what makes them so shiny?'

Alice looked down at them, and considered a little before she gave her answer. 'They're done with blacking, I believe.'

'Boots and shoes under the sea,' the Gryphon went on in a deep voice, 'are done with a whiting. Now you know.'

'And what are they made of?' Alice asked in a tone of great curiosity.

'Soles and eels, of course,' the Gryphon replied rather impatiently: 'any shrimp could have told you that.'

'If I'd been the whiting,' said Alice, whose thoughts were still running on the song, 'I'd have said to the porpoise, "Keep back, please: we don't want YOU with us!"'

'They were obliged to have him with them,' the Mock Turtle said: 'no wise fish would go anywhere without a porpoise.'

— Спасибо, — сказала Алиса. — Очень интересно. Я раньше не знала ничего о лососях.

— Могу еще что-нибудь о них рассказать, — сказал Грифон. — Знаете, почему они называются «лососями»?

— Никогда над этим не задумывалась. Почему?

— Они приводят в порядок ботинки и туфли, — торжественно пояснил Грифон.

Алиса была окончательно сбита с толку.
— Ботинки и туфли? — повторила она.

— А что? Твои же туфли в порядке? — спросил Грифон. — Иначе они бы так не блестели.

Алиса посмотрела вниз и немного подумала, прежде чем ответить.
— Они натерты черным блеском, я полагаю.

— А на дне морском ботинки и туфли натирают лососи. Они наводят лоск, — пояснил Грифон. — Теперь понятно?

— А с кем они общаются? — спросила Алиса с любопытством.

— С камбалой и угрями, конечно, — ответил Грифон. — Разве креветка тебе не сказала?

— На месте бы лосося, — сказала Алиса, которая прокручивала в памяти слова песни, — я бы сказала дельфину: «Пожалуйста, оставь нас в покое».

— Они без него никуда, — сказала черепаха. — Ни одна рыба в здравом уме не откажется дружить с дельфином.

'Wouldn't it really?' said Alice in a tone of great surprise.

'Of course not,' said the Mock Turtle: 'why, if a fish came to ME, and told me he was going a journey, I should say "With what porpoise?"'

'Don't you mean "purpose"?' said Alice.

'I mean what I say,' the Mock Turtle replied in an offended tone. And the Gryphon added 'Come, let's hear some of YOUR adventures.'

'I could tell you my adventures beginning from this morning,' said Alice a little timidly: 'but it's no use going back to yesterday, because I was a different person then.'

'Explain all that,' said the Mock Turtle.

'No, no! The adventures first,' said the Gryphon in an impatient tone: 'explanations take such a dreadful time.'

So Alice began telling them her adventures from the time when she first saw the White Rabbit. She was a little nervous about it just at first, the two creatures got so close to her, one on each side, and opened their eyes and mouths so VERY wide, but she gained courage as she went on. Her listeners were perfectly quiet till she got to the part about her repeating 'YOU ARE OLD, FATHER WILLIAM,' to the Caterpillar, and the words all coming different, and then the Mock Turtle drew a long breath, and said 'That's very curious.'

'It's all about as curious as it can be,' said the Gryphon.

— Разве? — удивилась Алиса.

— Именно так, — сказала черепаха.

— Кажется, я понимаю, что вы имеете в виду, — произнесла Алиса.

— То, что я имею в виду, о том и говорю, — обиженно сказала черепаха. А грифон добавил: — И довольно! Теперь расскажи нам что-нибудь о своих приключениях.

— Я могу рассказать только о тех приключениях, которые были со мной сегодня, — ответила Алиса. — Про то, что было вчера, рассказывать нечего, потому что тогда я была совсем другая.

— Как это так? Объясни! — сказала черепаха.

— Нет, нет, сначала приключения! — нетерпеливо воскликнул Грифон. — Эти объяснения займут слишком много времени.

Итак, Алиса начала рассказывать все, что было с ней с тех пор, как она в первый раз увидала белого кролика. Черепаха и Грифон уселись так близко от нее и так широко раскрыли глаза и рты, что сначала ей было немножко страшно; но через некоторое время она ободрилась и перестала обращать на это внимание. Слушатели спокойно внимали ее рассказу, пока она не дошла до того места, где она намеревалась прочитать гусенице стихотворение про Преподобного отца Вильяма, а все слова вышли другими.

— Удивительно! — произнесла черепаха и глубоко вздохнула.

— Настолько удивительно, насколько это можно себе представить! — сказал Грифон.

'It all came different!' the Mock Turtle repeated thoughtfully. 'I should like to hear her try and repeat something now. Tell her to begin.' He looked at the Gryphon as if he thought it had some kind of authority over Alice.

'Stand up and repeat "'TIS THE VOICE OF THE SLUGGARD,"' said the Gryphon.

'How the creatures order one about, and make one repeat lessons!' thought Alice; 'I might as well be at school at once.' However, she got up, and began to repeat it, but her head was so full of the Lobster Quadrille, that she hardly knew what she was saying, and the words came very queer indeed:

> *"'Tis the voice of the Lobster; I heard him declare,*
> *"You have baked me too brown, I must sugar my hair."*
> *As a duck with its eyelids, so he with his nose*
> *Trims his belt and his buttons, and turns out his toes.'*

[later editions continued as follows

> *When the sands are all dry, he is gay as a lark,*
> *And will talk in contemptuous tones of the Shark,*
> *But, when the tide rises and sharks are around,*
> *His voice has a timid and tremulous sound.]*

'That's different from what I used to say when I was a child,' said the Gryphon.

'Well, I never heard it before,' said the Mock Turtle; 'but it sounds uncommon nonsense.'

Alice said nothing; she had sat down with her face in her hands, wondering if anything would EVER happen in a natural way again.

'I should like to have it explained,' said the Mock Turtle.

— Все слова совершенно перепутались! — повторила черепаха. — Хотелось бы мне знать, как она прочтет какое-нибудь другое стихотворение! Попроси-ка ее прочитать еще что-нибудь, — и она взглянула на Грифона, точно с уверенностью, что влияние его всемогуще.

— Встань и прочти нам наизусть что-нибудь из школьной программы, — сказал Грифон с расстановкой.

«И что они раскомандовались? — подумала Алиса. — Прямо как учителя на уроке!»

Алиса все-таки встала и начала читать наизусть стихотворение, но голова ее была до того полна кадрилью омаров, что говорила она как-то бессознательно, и слова выходили очень странные:

> Попал омар в котел невольно
> И переварен был в котле,
> Он там варился вместе с солью
> Но вышел он навеселе.
>
> Не вынесла душа кухарки
> Такого зрелища, увы!
> А он, мятежный, крикнул: «Жарко!
> Должно быть, жар кипит в крови!»

— Стихи эти были совсем другими в мое детство, — сказал Грифон.

— И я ничего подобного не слышала, — заметила Фальшивая черепаха, — и, по-моему, это набор слов.

Алиса молчала. Закрыв лицо руками и сидя на земле, она раздумывала о том, станет ли ее жизнь такой же, как и прежде.

— Стихи эти требуют объяснения, — сказала черепаха.

'She can't explain it,' said the Gryphon hastily. 'Go on with the next verse.'

'But about his toes?' the Mock Turtle persisted. 'How COULD he turn them out with his nose, you know?'

'It's the first position in dancing,' Alice said; but was dreadfully puzzled by the whole thing, and longed to change the subject.

'Go on with the next verse,' the Gryphon repeated impatiently: 'it begins "I passed by his garden."'

Alice did not dare to disobey, though she felt sure it would all come wrong, and she went on in a trembling voice:
>   *'I passed by his garden, and marked, with one eye,*
>   *How the Owl and the Panther were sharing a pie...'*

[later editions continued as follows

>   *The Panther took pie-crust, and gravy, and meat,*
>   *While the Owl had the dish as its share of the treat.*
>   *When the pie was all finished, the Owl, as a boon,*
>   *Was kindly permitted to pocket the spoon:*
>   *While the Panther received knife and fork with a growl,*
>   *And concluded the banquet...]*

'What IS the use of repeating all that stuff,' the Mock Turtle interrupted, 'if you don't explain it as you go on? It's by far the most confusing thing I ever heard!'

'Yes, I think you'd better leave off,' said the Gryphon: and Alice was only too glad to do so.

'Shall we try another figure of the Lobster Quadrille?' the Gryphon went on. 'Or would you like the Mock Turtle to sing you a song?'

— Нет, она не сможет их объяснить, — торопливо сказал Грифон, — продолжай! Мы хотим послушать что-нибудь еще.

— Подождите, а что вы там говорили о его носках? — требовала объяснения черепаха. — Как это они ставили ноги, чтобы носки врозь?

— Это первая позиция в хореографии, — пояснила Алиса. Эта тема была ей неинтересна. Она хотела поговорить о чем-нибудь другом.

— Давай дальше, — нетерпеливо потребовал Грифон. — Там так: «Я помню...»

Алиса не посмела ослушаться, хотя чувствовала, что все опять будет неверно. Дрожащим голосом она начала:
Я помню чудный этот ужин,
Не подивиться я не мог,
Когда сова с пантерой дружно
Один делили пирожок.

Что за невинная проделка!
Пантера сцапала мясцо,
Сове ж осталась лишь тарелка
И оскорбленное лицо.

— Боже! Как все это дико! — взвизгнула черепаха.

— Мне кажется, что стихов достаточно, — сказал Грифон. Алиса с облегчением замолчала.

— Думаю, самое время, — сказал Грифон, — протанцевать вторую фигуру кадрили омаров, или, может быть, тебе больше хочется, чтобы черепаха спела еще одну песенку?

'Oh, a song, please, if the Mock Turtle would be so kind,' Alice replied, so eagerly that the Gryphon said, in a rather offended tone, 'Hm! No accounting for tastes! Sing her "Turtle Soup," will you, old fellow?'

The Mock Turtle sighed deeply, and began, in a voice sometimes choked with sobs, to sing this:

> *'Beautiful Soup, so rich and green,*
> *Waiting in a hot tureen!*
> *Who for such dainties would not stoop?*
> *Soup of the evening, beautiful Soup!*
> *Soup of the evening, beautiful Soup!*
>
> > *Beau—ootiful Soo—oop!*
> > *Beau—ootiful Soo—oop!*
> *Soo—oop of the e—e—evening,*
> > *Beautiful, beautiful Soup!*
>
> *'Beautiful Soup! Who cares for fish,*
> *Game, or any other dish?*
> *Who would not give all else for two*
> *pennyworth only of beautiful Soup?*
> *Pennyworth only of beautiful Soup?*
>
> > *Beau—ootiful Soo—oop!*
> > *Beau—ootiful Soo—oop!*
> *Soo—oop of the e—e—evening,*
> > *Beautiful, beauti—FUL SOUP!'*

'Chorus again!' cried the Gryphon, and the Mock Turtle had just begun to repeat it, when a cry of 'The trial's beginning!' was heard in the distance.

'Come on!' cried the Gryphon, and, taking Alice by the hand, it hurried off, without waiting for the end of the song.

— Да, я бы очень хотела послушать пение черепахи! — сказала Алиса с таким жаром, что Грифон немножко обиделся.

— Ну, спой ей «Суп из черепахи», старушка! — сказал он.

Черепаха глубоко вздохнула и прерывающимся от рыданий голосом запела:

> Ой, варю я супчик,
> Суп из черепах.
> Уж такой он вкусный
> Мочи нету, ах!
>
> Он кипит в кастрюле,
> Где лавровый лист,
> Пенку снять смогу ли,
> Чтоб бульон был чист?

— А теперь хором! — воскликнул Грифон. Но как только черепаха начала повторять последние строки, как вдали послышался крик:

— Суд начался!

— Идем! — крикнул Грифон и, схватив Алису за руку, быстро побежал, не дожидаясь конца песни.

'What trial is it?' Alice panted as she ran; but the Gryphon only answered 'Come on!' and ran the faster, while more and more faintly came, carried on the breeze that followed them, the melancholy words:

> '*Soo—oop of the e—e—evening,*
> *Beautiful, beautiful Soup!*'

— Что это за суд? — задыхаясь, спросила Алиса, но Грифон лишь продолжал повторять: «Идем, идем!»

Они побежали еще быстрее, а с ветром доносились до них все слабее и слабее слова грустной песни:

> Ой, варю я супчик,
> Суп из черепах.

Chapter XI

Who Stole the Tarts?
Кто стащил пирожки?

The King and Queen of Hearts were seated on their throne when they arrived, with a great crowd assembled about them: all sorts of little birds and beasts, as well as the whole pack of cards: the Knave was standing before them, in chains, with a soldier on each side to guard him; and near the King was the White Rabbit, *with a trumpet in one hand, and a scroll of parchment in the other.* In the very middle of the court was a table, with a large dish of tarts upon it: they looked so good, that it made Alice quite hungry to look at them, 'I wish they'd get the trial done,' she thought, 'and hand round the refreshments!' But *there seemed to be no chance of this*, so she began looking at everything about her, to pass away the time.

Alice had never been in a court of justice before, but she had read about them in books, and she was quite pleased to find that she knew the name of nearly everything there. 'That's the judge,' she said to herself, 'because of his great wig.'

The judge, by the way, was the King; and as he wore his crown over the wig (look at the frontispiece if you want to see how he did it), he did not look at all comfortable, and it was certainly not becoming.

'And that's the jury-box,' thought Alice, 'and those twelve crea-tures,' (she was obliged to say 'creatures,' you see, because some

Король и королева сидели на троне в большой зале; всевозможные птички и зверьки окружали их; тут же была и полная колода карт. Червонный валет в цепях был под конвоем двух солдат. Около короля вытянулся в струнку белый кролик, *с трубой в одной лапке и свертком пергамента в другой.*

Посередине стоял стол с блюдом пирожков. И они казались такими вкусными, что Алисе захотелось есть, лишь только она на них взглянула.

«Хоть бы поскорее кончился суд, — подумала она, — и нас угостили пирожками».

Но, *по-видимому, надежды на это не было*, и Алиса от нечего делать стала осматриваться по сторонам.

Она никогда не бывала в суде, но читала про него.

«Это судья, — подумала она, глядя на стол, за которым важно сидел король, — потому что он в парике».

Судьей был, действительно, сам король. На нем был надет парик, поверх парика была еще корона. Это выходило и некрасиво, и неудобно.

«Вот это скамья присяжных, — продолжала думать Алиса, — а эти двенадцать божьих тварей (*ей пришлось сказать*

of them were animals, and some were birds) 'I suppose they are the jurors.' She said this last word two or three times over to herself, being rather proud of it: for she thought, and rightly too, that very few little girls of her age knew the meaning of it at all. However, 'jury-men' would have done just as well.

The twelve jurors were all writing very busily on slates. 'What are they doing?' Alice whispered to the Gryphon. 'They can't have anything to put down yet, before the trial's begun.'

'They're putting down their names,' the Gryphon whispered in reply, 'for fear they should forget them before the end of the trial.'

'Stupid things!' Alice began in a loud, indignant voice, but she stopped hastily, for the White Rabbit cried out, 'Silence in the court!' and the King put on his spectacles and looked anxiously round, *to make out who was talking.*

Alice could see, as well as if she were looking over their shoulders, that all the jurors were writing down 'stupid things!' on their slates, and she could even make out that one of them didn't know how to spell 'stupid,' and that he had to ask his neighbour to tell him. *'A nice muddle their slates'll be in before the trial's over!'* thought Alice.

One of the jurors had a pencil that squeaked. This of course, Alice could not stand, and she went round the court and got behind him, and very soon found an opportunity of taking it away. She did it so quickly that the poor little juror (it was Bill, the Lizard) *could not make out at all what had become of it*; so, after hunting all about for it, he was obliged to write with one finger for the rest of the day; and this was of very little use, as it left no mark on the slate.

'Herald, read the accusation!' said the King.

«*тварей*», *потому что тут были и зверьки, и птицы*), должно быть, присяжные заседатели, которые решают, нужно ли наказать подсудимого или нет». И она гордо огляделась кругом, вполне уверенная, что немногие девочки ее лет столько знают про суд.

Двенадцать присяжных что-то усердно писали на аспидных досках.
— Что это они пишут? — шепотом спросила Алиса у Грифона. — Им еще нечего записывать, потому что суд еще не начался.

— Они записывают свои имена, — шепнул Грифон. — Они боятся, что забудут их прежде, чем кончится разбирательство дела.

— Что за глупость! — громко и с негодованием сказала Алиса, но тотчас же замолчала, так как белый кролик зашикал, а король надел очки и стал тревожно осматриваться по сторонам, *чтобы узнать, кто осмелился заговорить*.

Алиса видела, что все присяжные пишут на своих грифельных досках: «Что за глупость!» и даже заметила, что один из них не знает, как написать слово «глупость», и спрашивает об этом у соседа.
«На досках будет ужасная путаница, к тому времени как суд подойдет к концу!» — подумала Алиса.

У маленького Билла — ящерица Билл тоже был в числе присяжных — скрипел грифель. Алиса не могла этого вынести. Она подошла к Биллу, стала сзади него и, воспользовавшись первым удобным случаем, выхватила у него грифель. Она сделала это так быстро, что бедный маленький Билл *не мог понять, куда девался его грифель*. Поискав его, он был принужден писать все остальное время пальцем, из чего, конечно, не выходило толку, потому что на доске не оставалось никаких следов.

— Герольд, огласите обвинение! — произнес повелительно король.

On this the White Rabbit blew three blasts on the trumpet, and then unrolled the parchment scroll, and read as follows:

> *'The Queen of Hearts, she made some tarts,*
> *All on a summer day:*
> *The Knave of Hearts, he stole those tarts,*
> *And took them quite away!'*

'Consider your verdict,' the King said to the jury.

'Not yet, not yet!' the Rabbit hastily interrupted. 'There's a great deal to come before that!'

'Call the first witness,' said the King; and the White Rabbit blew three blasts on the trumpet, and called out, 'First witness!'

The first witness was the Hatter. He came in with a teacup in one hand and a piece of bread-and-butter in the other. 'I beg pardon, your Majesty,' he began, *'for bringing these in*: but I hadn't quite finished my tea when I was sent for.'

'You ought to have finished,' said the King. 'When did you begin?'

The Hatter looked at the March Hare, who had followed him into the court, arm-in-arm with the Dormouse. 'Fourteenth of March, I think it was,' he said.

'Fifteenth,' said the March Hare.

'Sixteenth,' added the Dormouse.

'Write that down,' the King said to the jury, and the jury eagerly wrote down all three dates on their slates, and then added them up, and *reduced the answer to shillings and pence.*

Белый кролик приложил ко рту трубу, три раза протрубил и, развернув сверток пергамента, прочитал:

Королева червей испекла пирожки,
Приложила немало труда!
А червонный валет к ним подкрался как вор
И унес неизвестно куда!

— Выносите приговор! — велел король, обращаясь к присяжным.

— Нет, нет, еще рано приговаривать! — поспешил вмешаться белый кролик. — Сначала нужно допросить свидетелей.

— Позовите первого свидетеля! — сказал король, и кролик трижды протрубил, вызывая первого свидетеля.

Первым свидетелем оказался шляпник. Он подошел, держа в одной руке чашку с чаем, в другой — ломоть хлеба с маслом.
— Прошу прощения, ваше величество! — сказал он. — *Я захватил с собой еду*, потому что еще не закончил пить чай, когда за мной прислали.

— Следовало закончить, — заметил король. — А когда же вы начали?

Шляпник поглядел на мартовского зайца, который стоял около него под ручку с сурком.
— Кажется, четырнадцатого марта, — сказал он.

— Нет, пятнадцатого, — возразил мартовский заяц.

— А по-моему, шестнадцатого, — сказал сурок.

— Запишите это, — сказал король присяжным, и те торопливо записали все три числа, сложили их и *подсчитали сумму в шиллингах и пенсах.*

'Take off your hat,' the King said to the Hatter.

'It isn't mine,' said the Hatter.

'Stolen!' the King exclaimed, turning to the jury, who instantly made a memorandum of the fact.

'I keep them to sell,' the Hatter added as an explanation, 'I've none of my own. I'm a hatter.'

Here the Queen put on her spectacles, and began staring at the Hatter, who turned pale and fidgeted.

'Give your evidence,' said the King, 'and don't be nervous, or I'll have you executed on the spot.'

This did not seem to encourage the witness at all: he kept shifting from one foot to the other, looking uneasily at the Queen, and in his confusion he bit a large piece out of his teacup instead of the bread-and-butter.

Just at this moment Alice felt a very curious sensation, which puzzled her a good deal until she made out what it was: she was beginning to grow larger again, and she thought at first she would get up and leave the court; but on second thoughts she decided to remain where she was as long as there was room for her.

'*I wish you wouldn't squeeze so,*' said the Dormouse, who was sitting next to her. 'I can hardly breathe.'

'I can't help it,' said Alice very meekly: 'I'm growing.'

'You've no right to grow here,' said the Dormouse.

—Снимите вашу шляпу! — сказал шляпнику король.

—Она не моя, — ответил шляпник.

—Значит, шляпа украдена! — воскликнул король, обернувшись к присяжным, которые тотчас же записали на своих досках, что шляпа украдена.

—Я продаю шляпы, — пояснил шляпник, — а собственно для себя у меня нет ни одной. Я шляпник.

Тут королева надела очки и стала так пристально смотреть на шляпника, что тот побледнел и беспокойно завертелся.

—Какие показания вы можете дать по этому делу? — спросил король. — Да не вертитесь так, а не то я велю вас казнить тут же на месте!

Слова эти, по-видимому, нисколько не ободрили свидетеля. Он переступал с ноги на ногу, тревожно взглядывал на королеву и был до того смущен, что откусил кусок чашки вместо хлеба с маслом.

В эту минуту Алиса вдруг почувствовала что-то странное и сначала не могла понять, что это такое. Через несколько минут она, однако, поняла, что начинает расти. Сначала она хотела встать и уйти, но потом передумала и решила остаться в зале до тех пор, пока ее голова не поднимется до потолка.

—*Вы меня придавили к стене*, — сказал сурок, сидевший рядом с ней. — Я задыхаюсь!

—Это не моя вина, — кротко ответила Алиса, — я расту.

—Вы не смеете расти здесь! — сказал сурок.

'Don't talk nonsense,' said Alice more boldly: 'you know you're growing too.'

'Yes, but I grow at a reasonable pace,' said the Dormouse: 'not in that ridiculous fashion.' And he got up very sulkily and crossed over to the other side of the court.

All this time the Queen had never left off staring at the Hatter, and, just as the Dormouse crossed the court, she said to one of the officers of the court, 'Bring me the list of the singers in the last concert!' on which the wretched Hatter trembled so, that he shook both his shoes off.

'Give your evidence,' the King repeated angrily, 'or I'll have you executed, whether you're nervous or not.'

'I'm a poor man, your Majesty,' the Hatter began, in a trembling voice, 'and I hadn't begun my tea, not above a week or so, and what with the bread-and-butter getting so thin, and the twinkling of the tea...'

'The twinkling of the what?' said the King.

'It began with the tea,' the Hatter replied.

'Of course twinkling begins with a T!' said the King sharply. 'Do you take me for a dunce? Go on!'

'I'm a poor man,' the Hatter went on, 'and most things twinkled after that, only the March Hare said...'

'I didn't!' the March Hare interrupted in a great hurry.

'You did!' said the Hatter.

— Не говори глупостей! — ответила смелее Алиса. — Ведь и ты растешь.

— Да, но я расту, — сказал сурок, — понемногу, а не так дико, как вы.

И, надувшись, он встал и пошел искать себе другое место.

Королева все еще не спускала глаз со шляпника. Вдруг она крикнула:

— Принести мне список всех, кто пел на последнем концерте!

Услышав это, несчастный шляпник задрожал и так затрясся, что с него свалились оба башмака.

— Говорите же, что вы знаете по этому делу, — с досадой повторил король, — а не то я велю казнить вас! Все равно, будете ли вы вертеться или нет — не поможет!

— Я бедный человек, ваше величество, — дрожащим голосом начал шляпник, — и я начал пить чай с неделю тому назад или около того... и ломтик хлеба стал такой тоненький... и потом засверкало...

— Что засверкало? — спросил король.

— Это началось вместе с чаем, — ответил шляпник. — Я... бедный человек, ваше величество... и многое потом сверкало, только мартовский заяц говорил...

— Я ничего не говорил, — торопливо прервал его мартовский заяц.

— Нет, говорил, — сказал шляпник.

'I deny it!' said the March Hare.

'He denies it,' said the King: 'leave out that part.'

'Well, at any rate, the Dormouse said...' the Hatter went on, looking anxiously round to see if he would deny it too: but the Dormouse denied nothing, *being fast asleep.*

'After that,' continued the Hatter, 'I cut some more bread-and-butter...'

'But what did the Dormouse say?' one of the jury asked.

'That I can't remember,' said the Hatter.

'You MUST remember,' remarked the King, 'or I'll have you executed.'

The miserable Hatter dropped his teacup and bread-and-butter, and went down on one knee. 'I'm a poor man, your Majesty,' he began.

'You're a very poor speaker,' said the King.

Here one of the guinea-pigs cheered, and *was immediately suppressed by the officers of the court.* (As that is rather a hard word, I will just explain to you how it was done. They had a large canvas bag, *which tied up at the mouth with strings*: into this they slipped the guinea-pig, head first, and then sat upon it.)

'I'm glad I've seen that done,' thought Alice. 'I've so often read in the newspapers, at the end of trials, "There was some attempts at applause, which was immediately suppressed by the officers of the court," and I never understood what it meant till now.'

— Нет, не говорил! — воскликнул мартовский заяц.

— Ну, оставим это, — сказал король. — Что же дальше?

— Так, во всяком случае, сурок говорил, — сказал шляпник, тревожно оглядываясь по сторонам и опасаясь, что сурок тоже отречется от своих слов. Но он ни от чего не отрекся, *потому что крепко спал.*

— После этого, — продолжал шляпник, — я отрезал ломоть хлеба, намазал его маслом...

— А что же сказал сурок? — спросил один из присяжных.

— Этого я не могу припомнить, — ответил шляпник.

— Но вы должны припомнить, — сказал сердито король, ударяя кулаком по столу. — Иначе будете казнены!

Несчастный шляпник выронил чашку с чаем и хлеб с маслом и опустился на колени.

— Я бедный человек, ваше величество! — сказал он.

— И далеко не красноречивый, ничтожный оратор! — добавил король.

Тут одна морская свинка захлопала в ладоши, но *ее тотчас же призвали к порядку.*

(Чтобы вы поняли, как это делается, объясняю: они засунули морскую свинку в большой парусиновый мешок, вниз головою, и сели на мешок.)

«Как хорошо, что мне удалось это увидеть, — подумала Алиса. — А то в газетах пишут: «Сделана была попытка выразить одобрение, но судебная полиция поспешила привести их к порядку». Теперь я буду знать, что это значит.

'If that's all you know about it, you may stand down,' continued the King.

'I can't go no lower,' said the Hatter: 'I'm on the floor, as it is.'

'Then you may SIT down,' the King replied.

Here the other guinea-pig cheered, and was suppressed.

'Come, that finished the guinea-pigs!' thought Alice. 'Now we shall get on better.'

'I'd rather finish my tea,' said the Hatter, with an anxious look at the Queen, who was reading the list of singers.

'You may go,' said the King, and the Hatter hurriedly left the court, without even waiting to put his shoes on.

'And just take his head off outside,' the Queen added to one of the officers: but the Hatter was out of sight before the officer could get to the door.

'Call the next witness!' said the King.

The next witness was the Duchess's cook. She carried the pepper-box in her hand, and Alice guessed who it was, even before she got into the court, by the way the people near the door began sneezing all at once.

'Give your evidence,' said the King.

'Shan't,' said the cook.

— Придерживайтесь ваших показаний, если вы в них уверены, — продолжал король.

— Это трудно сделать, ваше величество, — возразил шляпник, — ведь у меня нет никакой опоры!

Тут другая морская свинка вдруг захлопала в ладоши и была «приведена к порядку».

«С морскими свинками покончено, — подумала Алиса, — возможно, что дело теперь пойдет живее».

— Могу я теперь уйти и напиться чаю? — спросил шляпник, тревожно глядя на королеву, которая читала список участвовавших в концерте певцов.

— Можете идти, — сказал король, и шляпник так стремительно бросился из зала, что даже не успел надеть башмаки.

— Казнить его! — крикнула королева, но шляпник уже исчез, и его не могли найти.

— Позвать второго свидетеля! — сказал король.

Оказалось, что это не свидетель, а свидетельница — кухарка герцогини. Она держала в руке коробку с перцем. Алиса тотчас же догадалась, что в коробке перец, потому что, как только кухарка вошла, все сидевшие около двери принялись чихать.

— Какие показания вы можете дать по этому делу? — спросил король.

— Ничего вы от меня не услышите, — сказала кухарка.

The King looked anxiously at the White Rabbit, who said in a low voice, 'Your Majesty must cross-examine THIS witness.'

'Well, if I must, I must,' the King said, with a melancholy air, and, after folding his arms and frowning at the cook till his eyes were nearly out of sight, he said in a deep voice, 'What are tarts made of?'

'Pepper, mostly,' said the cook.

'*Treacle*,' said a sleepy voice behind her.

'Collar that Dormouse,' the Queen shrieked out. 'Behead that Dormouse! Turn that Dormouse out of court! Suppress him! Pinch him! Off with his whiskers!'

For some minutes the whole court was in confusion, getting the Dormouse turned out, and, by the time they had settled down again, the cook had disappeared.

'Never mind!' said the King, with an air of great relief. 'Call the next witness.' And he added in an undertone to the Queen, 'Really, my dear, YOU must cross-examine the next witness. It quite makes my forehead ache!'

Alice watched the White Rabbit as he fumbled over the list, feeling very curious to see what the next witness would be like, 'for they haven't got much evidence YET,' she said to herself. Imagine her surprise, when the White Rabbit read out, at the top of his shrill little voice, the name, 'Alice!'

Король с беспокойством взглянул на белого кролика, который поспешил шепнуть ему на ухо:

— Вы должны заставить свидетельницу сказать, ваше величество, все, что она знает.

— Должен, так должен, — грустно проговорил король. Он скрестил руки и, нахмурившись так, что глаза его превратились в крошечные щелочки, устремил их на кухарку и спросил глухим низким голосом:

— Из чего делаются сладкие пирожки?

— Главным образом из перца, — ответила кухарка.

— *Из патоки*, — прозвучал сзади нее сонный голос.

— Схватите поскорее за шиворот этого сурка! — пронзительно закричала королева. — Тащите его отсюда! Зачем вмешивается! Уберите его! Отрубите ему усы!

Поднялась страшная суматоха. Несчастного сурка теребили и тащили в разные стороны, а когда его, наконец, выгнали и все уселись на свои места, оказалось, что кухарка исчезла.

— Не беда! — весело сказал король, которому это было, по-видимому, очень приятно. — Позвать следующего свидетеля! — и нагнувшись к королеве, он тихо прибавил:

— Ты, дорогая, допросишь следующего свидетеля; у меня от всего этого голова кружится!

Белый кролик стал просматривать список свидетелей.

«Кого-то он вызовет теперь? — думала Алиса. — От первых двух свидетелей нельзя было узнать ничего».

Представьте же себе ее изумление, когда белый кролик закричал пронзительным голосом:

— Алиса!

Chapter XII

Alice's Evidence
Показания Алисы

'Here!' cried Alice, *quite forgetting in the flurry of the moment how large she had grown in the last few minutes*, and she jumped up in such a hurry that she tipped over the jury-box with the edge of her skirt, upsetting all the jurymen on to the heads of the crowd below, and there they lay sprawling about, reminding her very much of a globe of goldfish she had accidentally upset the week before.

'Oh, I BEG your pardon!' she exclaimed in a tone of great dismay, and began picking them up again as quickly as she could, *for the accident of the goldfish kept running in her head*, and she had a vague sort of idea that they must be collected at once and put back into the jury-box, or they would die.

'The trial cannot proceed,' said the King in a very grave voice, 'until all the jurymen are back in their proper places. ALL,' he repeated with great emphasis, looking hard at Alice as he said do.

Alice looked at the jury-box, and saw that, in her haste, she had put the Lizard in head downwards, and the poor little thing was waving its tail about in a melancholy way, being quite unable to move. She soon got it out again, and put it right; 'not that it signifies much,' she said to herself; 'I should think it would be QUITE as much use in the trial one way up as the other.'

—Здесь! — крикнула Алиса и, *совсем забыв, какой большой она выросла с тех пор, как пришла сюда*, она торопливо вскочила с места, причем задела за скамью присяжных. Скамья опрокинулась, и присяжные упали на головы сидящей внизу публике. *(Неделю тому назад Алиса нечаянно опрокинула аквариум с золотыми рыбками, и барахтавшиеся на полу присяжные живо напомнили ей этих рыбок.)*

— Извините, пожалуйста! — с испугом воскликнула она и начала торопливо поднимать присяжных. Ей казалось, что, *как и рыбки, которые умирают, если их долго не опускать в воду*, так и присяжные умрут, если она не посадит их на скамью как можно скорее.

— Допрос свидетелей, — сказал король, — не может начаться до тех пор, пока присяжные не будут сидеть на своих местах, — все и как следует, — значительно добавил он, строго взглянув на Алису.

Она посмотрела на скамью присяжных. Оказалось, что второпях она поставила бедного маленького Билла — ящерицу головой вниз. Он никак не мог перевернуться и грустно помахивал хвостиком. Алиса схватила его и поскорее перевернула.

As soon as the jury had a little recovered from the shock of being upset, and their slates and pencils had been found and handed back to them, they set to work very diligently to write out a history of the accident, all except the Lizard, *who seemed too much overcome to do anything but* sit with its mouth open, gazing up into the roof of the court.

'What do you know about this business?' the King said to Alice.

'Nothing,' said Alice.

'Nothing WHATEVER?' persisted the King.

'Nothing whatever,' said Alice.

'That's very important,' the King said, turning to the jury. They were just beginning to write this down on their slates, when the White Rabbit interrupted: 'UNimportant, your Majesty means, of course,' he said in a very respectful tone, but frowning and making faces at him as he spoke.

'UNimportant, of course, I meant,' the King hastily said, and went on to himself in an undertone, 'important — unimportant — unimportant — important...' as if he were trying which word sounded best.

Some of the jury wrote it down 'important,' and some 'unimportant.' Alice could see this, as she was near enough to look over their slates; 'but it doesn't matter a bit,' she thought to herself.

At this moment the King, who had been for some time busily writing in his note-book, cackled out 'Silence!' and read out from his book.

Когда присяжные немного опомнились после своего падения и им вручили их аспидные доски и грифели, они принялись усердно записывать только что случившееся с ними неприятное происшествие. Один лишь Билл *все еще никак не мог прийти в себя и*, разинув рот, глядел в потолок.

— Какие показания вы можете дать по этому делу? — спросил король.

— Никаких, — ответила Алиса.

— Решительно никаких? — настаивал король.

— Решительно никаких.

— Это очень важно, — сказал, обратившись к присяжным, король.

Они уже начали записывать это на своих досках, когда вмешался белый кролик.

— Вы, должно быть, хотели сказать, что это неважно, ваше величество? — проговорил он почтительно, но нахмурившись и делая гримасы.

— Да, конечно; я хотел сказать «неважно», — согласился король и несколько раз повторил вполголоса «Важно, неважно, важно, неважно», — как будто прислушиваясь и стараясь решить, какое слово звучит лучше.

Некоторые присяжные написали «важно», а другие «неважно». Алиса видела это, так как стояла близко от них. «Но разве не все равно, что бы они ни написали!» — подумала она.

Вдруг король, торопливо писавший что-то в большой, переплетенной тетради, крикнул:
— Тише!
И среди глубокой тишины прочитал из своей тетради:

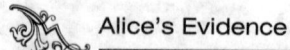

'Rule Forty-two. ALL PERSONS MORE THAN A MILE HIGH TO LEAVE THE COURT.'

Everybody looked at Alice.

'I'M not a mile high,' said Alice.

'You are,' said the King.

'Nearly two miles high,' added the Queen.

'Well, I shan't go, at any rate,' said Alice: 'besides, that's not a regular rule: you invented it just now.'

'It's the oldest rule in the book,' said the King.

'Then it ought to be Number One,' said Alice.

The King turned pale, and shut his note-book hastily. 'Consider your verdict,' he said to the jury, in a low, trembling voice.

'There's more evidence to come yet, please your Majesty,' said the White Rabbit, jumping up in a great hurry, 'this paper has just been picked up.'

'What's in it?' said the Queen.

'I haven't opened it yet,' said the White Rabbit, 'but it seems to be a letter, written by the prisoner to... to somebody.'

'It must have been that,' said the King, 'unless it was written to nobody, which isn't usual, you know.'

'Who is it directed to?' said one of the jurymen.

—Правило 42-е: «Свидетели выше одного километра ростом удаляются из заседания суда».

Все тотчас же взглянули на Алису.

—Я не такого роста, — сказала она.

—Нет, такого, — возразил король.

—В тебе почти три километра роста, — прибавила королева.

—Хорошо, но я все-таки никуда не пойду! — сказала Алиса, — да и само правило не верное: вы только что его придумали!

—Это самое древнее правило в этой книге, — возразил король.

—В таком случае оно должно стоять первым номером, — сказала Алиса.

Король поспешил захлопнуть свою книгу. При этом он весь побледнел.
—Идите совещаться! — тихим, дрожащим голосом сказал он присяжным.

—Еще рано, ваше величество! — воскликнул, вскочив с места, белый кролик. — Только что была найдена вот эта бумага.

—Что это? — спросила королева.

—Я еще не разворачивал ее, — ответил белый кролик. — Это, по-видимому, письмо, которое написал кому-то подсудимый.

—Наверняка, кому-то, — заметил король. — Если бы он написал его никому, это было бы очень странно.

—Кому же адресовано письмо? — спросил один из присяжных.

'It isn't directed at all,' said the White Rabbit; 'in fact, there's nothing written on the OUTSIDE.' He unfolded the paper as he spoke, and added 'It isn't a letter, after all: it's a set of verses.'

'Are they in the prisoner's handwriting?' asked another of they jurymen.

'No, they're not,' said the White Rabbit, 'and that's the queerest thing about it.' (The jury all looked puzzled.)

'He must have imitated somebody else's hand,' said the King. (*The jury all brightened up again.*)

'Please your Majesty,' said the Knave, 'I didn't write it, and they can't prove I did: there's no name signed at the end.'

'If you didn't sign it,' said the King, 'that only makes the matter worse. *You MUST have meant some mischief*, or else you'd have signed your name like an honest man.'

There was a general clapping of hands at this: it was the first really clever thing the King had said that day.

'That PROVES his guilt,' said the Queen.

'It proves nothing of the sort!' said Alice. 'Why, you don't even know what they're about!'

'Read them,' said the King.

The White Rabbit put on his spectacles. 'Where shall I begin, please your Majesty?' he asked.

'Begin at the beginning,' the King said gravely, 'and go on till you come to the end: then stop.'

— Оно без адреса, — ответил белый кролик и, развернув бумагу, добавил: — Да это совсем не письмо: это стихи.

— А почерк подсудимого? — спросил другой присяжный.

— Нет, не его, — ответил белый кролик; все присяжные смутились и с удивлением переглянулись.

— Он, должно быть, подражал чьему-нибудь почерку, — сказал король. (*Все присяжные просияли.*)

— Я не писал этих стихов, ваше величество, — сказал червонный валет, — и никто не будет в состоянии доказать это, ведь внизу не подписано моего имени?

— Так как вы не подписали его, — сказал король, — то это только доказывает вашу вину. *Если бы вы не задумали чего-нибудь очень дурного*, то, конечно, подписали бы свое имя.

Все захлопали в ладоши: слова эти были первыми умными словами, сказанными королем в этот день.

— Да, это, без сомнения, доказывает его вину, — сказала королева, — а потому его следует казнить...

— Это решительно ничего не доказывает, — возразила Алиса. — И даже неизвестно, что это за стихи.

— Прочтите их, — сказал король.

Белый кролик надел очки.
— Откуда мне начать, ваше величество? — спросил он.

— Начните сначала, — важно проговорил король, — и прочитайте до конца.

These were the verses the White Rabbit read:

> *'They told me you had been to her,*
> *And mentioned me to him:*
> *She gave me a good character,*
> *But said I could not swim.*
>
> *He sent them word I had not gone*
> *(We know it to be true):*
> *If she should push the matter on,*
> *What would become of you?*
>
> *I gave her one, they gave him two,*
> *You gave us three or more;*
> *They all returned from him to you,*
> *Though they were mine before.*
>
> *If I or she should chance to be*
> *Involved in this affair,*
> *He trusts to you to set them free,*
> *Exactly as we were.*
>
> *My notion was that you had been*
> *(Before she had this fit)*
> *An obstacle that came between*
> *Him, and ourselves, and it.*
>
> *Don't let him know she liked them best,*
> *For this must ever be*
> *A secret, kept from all the rest,*
> *Between yourself and me.'*

'That's the most important piece of evidence we've heard yet,' said the King, rubbing his hands; 'so now let the jury...'

'If any one of them can explain it,' said Alice (she had grown so large in the last few minutes that she wasn't a bit afraid of interrupting him) 'I'll give him sixpence. *I don't believe there's an atom of meaning in it.*'

Среди гробовой тишины белый кролик прочитал следующее стихотворение:

Слышал я, что вчера заходили вы к ней
И сказали правдивую ложь:
«Не умеет летать этот парень во сне,
В остальном же он очень хорош».

И тогда он, не медля, велел известить,
Что на месте останусь я впредь.
То и правда: раз вы ухватились за нить,
Как теперь мне удастся взлететь?

А затем она пару ему отдала,
Он же отдал ей пять или три,
Я вручил им одну — уж была ни была!
И теперь все, как прежде, — смотри!

Если я иль она попадемся теперь,
И в интриги он впутает нас,
То словам моим ты без раздумий поверь,
Отпусти меня — вот мой наказ!

Замышлял я все так, что ты будешь стоять
Между ними и мной, как стена,
Так с тех пор и не сдвинулся ты ни на пядь,
В том твоя, безусловно, вина.

И прошу: промолчи в разговоре о том,
Что она их любила сильней.
Пусть же просьба моя будет словно закон
Для нас всех до скончания дней!

— Это самое важное доказательство из всех! — сказал, потирая руки, король, — поэтому теперь присяжные могут ...

— Я готова дать шесть пенсов тому из них, кто объяснит, что означает это стихотворение! — воскликнула Алиса, которая выросла уже настолько, что не побоялась перебить короля. — *В нем нет никакого смысла.*

The jury all wrote down on their slates, 'SHE doesn't believe there's an atom of meaning in it,' but none of them attempted to explain the paper.

'If there's no meaning in it,' said the King, 'that saves a world of trouble, you know, as we needn't try to find any. And yet I don't know,' he went on, spreading out the verses on his knee, and looking at them with one eye, 'I seem to see some meaning in them, after all. "SAID I COULD NOT SWIM" you can't swim, can you?' he added, turning to the Knave.

The Knave shook his head sadly. 'Do I look like it?' he said. (Which he certainly did NOT, being made entirely of cardboard.)

'All right, so far,' said the King, and he went on muttering over the verses to himself: '"WE KNOW IT TO BE TRUE" that's the jury, of course, "I GAVE HER ONE, THEY GAVE HIM TWO" why, that must be what he did with the tarts, you know...'

'But, it goes on "THEY ALL RETURNED FROM HIM TO YOU,"' said Alice.

'Why, there they are!' said the King triumphantly, pointing to the tarts on the table. 'Nothing can be clearer than THAT. Then again "BEFORE SHE HAD THIS FIT..." you never had fits, my dear, I think?' he said to the Queen.

'Never!' said the Queen furiously, throwing an inkstand at the Lizard as she spoke. (The unfortunate Little Bill had left off writing on his slate with one finger, as he found it made no mark; but he now hastily began again, using the ink, *that was trickling down his face, as long as it lasted.*)

Присяжные сейчас же записали: «Она говорит, что в нем нет никакого смысла», но ни один из них не попытался объяснить стихотворение.

— Тем лучше, — сказал король, — значит, нам не нужно будет докапываться до смысла... Но, по-моему, — продолжал он, развернув бумагу на коленях и глядя на нее, — в нем есть смысл... «Не умеет летать этот парень во сне...» Умеете вы летать во сне, подсудимый?

Валет грустно покачал головой.
— Разве такие, как я, летают во сне? — сказал он. И, действительно, он не мог летать во сне, потому что карты не спят.

— Вот видите, значит верно, — проговорил король, просматривая стихотворение. «...раз вы ухватились за нить, Как теперь мне удастся взлететь?» — это, конечно, про присяжных. «И тогда она пару ему отдала, Он же отдал ей пять или три» — здесь речь, разумеется, идет о том, что они сделали с пирожками.

— Но ведь дальше сказано: «И теперь все, как прежде, — смотри!» — возразила Алиса.

— Так оно и есть! — с торжеством сказал король, показывая на пирожки. — Это ясно, как день... «Если я иль она попадемся теперь, И в интриги он впутает нас...» Ведь тебя, кажется, никогда не впутывали в интриги, дорогая? — спросил он у королевы.

— Никогда, — гневно крикнула королева, бросив чернильницей в Билла.
Бедный маленький Билл уже давно перестал писать на доске пальцем: он видел, что на ней не остается никаких следов; но так как у него были чернила — *они текли у него с мордочки,* — он, макая в них палец, снова начал писать.

'Then the words don't FIT you,' said the King, looking round the court with a smile. There was a dead silence.

'It's a pun!' the King added in an offended tone, and everybody laughed, 'Let the jury consider their verdict,' the King said, for about the twentieth time that day.

'No, no!' said the Queen. 'Sentence first, verdict afterwards.'

'Stuff and nonsense!' said Alice loudly. 'The idea of having the sentence first!'

'Hold your tongue!' said the Queen, turning purple.

'I won't!' said Alice.

'Off with her head!' the Queen shouted at the top of her voice. Nobody moved.

'Who cares for you?' said Alice (she had grown to her full size by this time). 'You're nothing but a pack of cards!'

At this the whole pack rose up into the air, and came flying down upon her: she gave a little scream, half of fright and half of anger, and tried to beat them off, and found herself lying on the bank, with her head in the lap of her sister, who was gently brushing away some dead leaves that had fluttered down from the trees upon her face.

'Wake up, Alice dear!' said her sister; 'Why, what a long sleep you've had!'

'Oh, I've had such a curious dream!' said Alice, and she told her sister, as well as she could remember them, all these strange Adventures of hers that you have just been reading about; and when she had finished, her sister kissed her, and said, 'It WAS a curious

— Значит, эти слова не относятся к тебе, — сказал король и прибавил чуть не в двенадцатый раз за этот день:

— А теперь пусть присяжные идут совещаться.

— Нет! Нет! — крикнула королева. — Сначала пусть объявят приговор, а потом совещаются.

— Разве можно сначала объявлять приговор, а потом совещаться? — воскликнула Алиса.

— Молчать! — произнесла королева, побагровев.

— А я не боюсь, — возразила Алиса, — и молчать не буду!

— Казнить ее! — во все горло закричала королева.
Никто не тронулся с места.

— Неужели вы думаете испугать меня? — воскликнула Алиса, которая в это время стала такого роста, как была дома. — Ведь вы просто колода карт! И больше ничего!

Вдруг все карты поднялись на воздух и стали падать Алисе на лицо. Она вскрикнула, не то от гнева, не то от ужаса, и... проснулась! Голова ее лежала на коленях сестры, которая осторожно смахивала упавшие с дерева ей на лицо сухие листья.

— Проснись, милочка! — сказала сестра. — Как ты долго спала.

— Ах, какой удивительный сон я видела! — воскликнула Алиса и рассказала сестре про все чудеса, какие привиделись ей во сне.
Когда она закончила, сестра поцеловала ее и сказала:

dream, dear, certainly: but now run in to your tea; it's getting late.' So Alice got up and ran off, thinking while she ran, as well she might, what a wonderful dream it had been.

But her sister sat still just as she left her, leaning her head on her hand, watching the setting sun, and thinking of little Alice and all her wonderful Adventures, till she too began dreaming after a fashion, and this was her dream:

First, she dreamed of little Alice herself, and once again the tiny hands were clasped upon her knee, and the bright eager eyes were looking up into hers — she could hear the very tones of her voice, *and see that queer little toss of her head to keep back the wandering hair that WOULD always get into her eyes* — and still as she listened, or seemed to listen, the whole place around her became alive the strange creatures of her little sister's dream.

The long grass rustled at her feet as the White Rabbit hurried by, the frightened Mouse splashed his way through the neighbouring pool, she could hear the rattle of the teacups as the March Hare and his friends shared their never-ending meal, and the shrill voice of the Queen ordering off her unfortunate guests to execution, once more the pig-baby was sneezing on the Duchess's knee, while plates and dishes crashed around it, once more the shriek of the Gryphon, the squeaking of the Lizard's slate-pencil, and the choking of the suppressed guinea-pigs, filled the air, mixed up with the distant sobs of the miserable Mock Turtle.

So she sat on, with closed eyes, and half believed herself in Wonderland, *though she knew she had but to open them again*, and all would change to dull reality: the grass would be only rustling in the wind, and the pool rippling to the waving of the reeds, the rattling teacups would change to tinkling sheep-bells, and the Queen's shrill cries to the voice of the shepherd boy, and the sneeze of the baby, the shriek of the Gryphon, and all thy

— Это в самом деле удивительный сон!.. Ну, а теперь беги скорее пить чай; уже поздно.

Алиса побежала домой и на бегу думала о том, какой странный сон ей приснился. Но сестра ее продолжала сидеть, опустив голову на руку, и, глядя на заходящее солнце, думала о необыкновенных приключениях, которые привиделись Алисе во сне.

Потом она закрыла глаза и так глубоко задумалась, что ей показалось, как будто и она сама тоже видит сон.

Сначала она думала об Алисе. Она чувствовала ее маленькие ручки у себя на коленях, слышала ее голос, смотрела в ее ясные глазки, *видела, как она по своей привычке встряхивает головой, чтобы откинуть волосы со лба*. И в то же время ей казалось, что все вокруг ее вдруг ожило. Все, кого видела Алиса во сне, были теперь здесь.

Высокая трава шелестела под лапками спешившего куда-то белого кролика; слышался легкий плеск воды — это Мышка, попав в пруд, плыла к берегу; чашки мартовского зайца и его приятеля, никогда не кончавших пить чай, громко звенели; раздавался пронзительный голос королевы, кричавшей, чтобы кому-то отрубили голову; ребенок-поросенок чихал, сидя на руках у герцогини; тарелки и блюдца летели и разбивались вдребезги, а издали доносился крик Грифона, скрип грифеля маленького Билла, сдавленный вопль морской свинки, которую засовывали в мешок, и отчаянные рыдания несчастной черепахи.

Сестра Алисы продолжала сидеть с закрытыми глазами, наполовину веря, что и сама очутилась в волшебной стране, *хотя знала, что, стоит ей открыть глаза*, и все тотчас же исчезнет: трава будет шелестеть только от ветра; плеск воды послышится, когда ветки кустов, росших внизу, около самого пруда, закачаются и коснутся ее; звон чашек превратится в звон колокольчиков пасущегося стада, крик королевы — в покрикивания

other queer noises, would change (she knew) to the confused clamour of the busy farm-yard, while the lowing of the cattle in the distance would take the place of the Mock Turtle's heavy sobs.

Lastly, she pictured to herself how this same little sister of hers would, *in the after-time, be herself a grown woman*; and how she would keep, through all her riper years, the simple and loving heart of her childhood: and how she would gather about her other little children, and make THEIR eyes bright and eager with many a strange tale, perhaps even with the dream of Wonderland of long ago: and how she would feel with all their simple sorrows, and find a pleasure in all their simple joys, remembering her own child-life, and the happy summer days.

The End

мальчика пастуха, чихание ребенка, скрип грифеля маленького Билла и все другие звуки — в смешанный гул, доносящийся с фермы, а рыдания черепахи — далекое мычание коров.

Потом она стала думать о том, как ее маленькая сестренка *вырастет и станет взрослой*; как у нее останется такое же доброе и любящее сердце, как теперь; как она будет собирать около себя детей и, чтобы доставить им удовольствие и заставить заблестеть их глазки, станет рассказывать им разные чудные истории, а может быть, и свои приключения в волшебной стране, которые видела во сне, когда сама была ребенком, и как она будет сочувствовать их маленьким горестям, вспоминая свое собственное детство и счастливые летние дни.

Chapter I. **Down the Rabbit-Hole**

1. Найдите в тексте и напишите слова с данными звуками (8—10 слов).

[iː] _____

[əʊ] _____

[ð] _____

[eɪ] _____

[ɒ] _____

2. Напишите транскрипцию слов. Выучите их.

without, pleasure, remarkable, occurred, curiosity, straight, wonder, orange, aloud, thousand, country, ignorant, saucer, earnestly, hurt, roof, except, belong, curtain, delight, knelt, among, shoulders, label, wise, several, poison, pineapple, feeling, nervous, thing, poor, reach, quite, use, sharply, advice, pretend, care, nothing.

3. Заполните пропуски правильной формой глагола в скобках.

1) 'And what _____ (to be) the use of a book,' _____ (to think) Alice, 'without pictures or conversation?'

2) It _____ (to flash) across her mind that she _____ never before _____ (to see) a rabbit with either a waistcoat-pocket, or a watch.

3) She _____ (to have) plenty of time as she _____ (to go) down to look about her and to wonder what _____ (to be going) to happen next.

4) 'I wonder how many miles I _____ (to fall) by this time?' she _____ (to say) aloud.

5) Suddenly she _____ (to come) upon a little three-legged table, all made of solid glass; there _____ _____ (to be) nothing on it except a tiny golden key.

6) On the second time round, she _____ (to come) upon a low curtain she _____ (not/to notice) before, and behind it _____ (to be) a little door about fifteen inches high.

7) When she _____ (to get) to the door, she _____ (to find) she _____ (to forget) the little golden key.

8) 'Well, I _____ (to eat) it,' _____ (to say) Alice, 'and if it _____ (to make) me grow larger, I _____ (can/to reach) the key; and if it _____ (to make) me grow smaller, I _____ (can/to creep) under the door.'

4. Заполните пропуски артиклями *a*, *the* или Ø.

1) She felt that she was dozing off, and had just begun to dream that she was walking _____ hand in _____ hand with _____ Dinah, and saying to her very earnestly, 'Now, Dinah, tell me _____ truth: did you ever eat _____ bat?'

2) There were _____ doors all round _____ hall, but they were all locked.

3) _____ Alice opened _____ door and found that it led into _____ small passage, not much larger than _____ rat-hole.

4) She had read _____ several nice little histories about _____ children who had got burnt, and eaten up by wild beasts and other unpleasant things, all because they would not remember _____ simple rules.

5) 'What _____ curious feeling!' said _____ Alice, 'I must be shutting up like _____ telescope.'

6) She waited for _____ few minutes to see if she was going to shrink any further.

7) She was now only ten inches high, and her face brightened up at _____ thought that she was now _____ right size for going through _____ little door into that lovely garden.

8) Soon her eye fell on _____ little glass box that was lying under _____ table: she opened it, and found in it _____ very small cake.

5. Составьте вопросы, на которые данные предложения будут ответами.

1) Suddenly a White Rabbit with pink eyes ran close by her.

2) The rabbit-hole went straight on like a tunnel.

3) She looked at the sides of the well, and noticed that they were filled with cupboards and bookshelves.

4) There was nothing else to do, so Alice soon began talking again.

5) She found herself in a long, low hall, which was lit up by a row of lamps hanging from the roof.

6) There were doors all round the hall, but they were all locked.

7) There was nothing on the table except a tiny golden key.
8) She was now only ten inches high.

6. Напишите формы глаголов.

eat			
feel			
hurt			
hear			
turn			
find			
think			
belong			
lead			
know			
begin			
wait			
drink			
teach			
hold			
forget			

7. Перескажите текст.

Chapter II. **The Pool of Tears**

1. Как переводится название главы 2? Как Вы думаете, о чем эта глава?

2. Напишите транскрипцию слов. Выучите их.

speak, English, shoes, sure, great, pair, manage, talking, more, garden, eye, ashamed, pool, half, gloves, near, voice, darkness, things, morning, puzzle, twelve, strange, learn, while, measure, door, glass, sea, coast, wooden, suppose, mouse, history, first, water, tone, angry, certain, down, eagerly, pale, creatures.

3. Заполните пропуски подходящим словом или словосочетанием.

> the next question is
> half to herself
> After a time
> of any use
> I wonder
> was surprised to see
> in the distance
> getting quite crowded with

1) 'Oh, my poor little feet, _____ who will put on your shoes and stockings for you now, dears?'

2) _____ she heard a little pattering of feet _____.

3) 'But if I'm not the same, _____, Who in the world am I?'

4) As she said this she looked down at her hands, and _____ _____ that she had put on one of the Rabbit's little white kid gloves while she was talking.

5) 'Would it be _____, now,' thought Alice, 'to speak to this mouse?'

6) 'She is such a dear quiet thing,' Alice went on, _____ _____, as she swam lazily about in the pool.

7) It was high time to go, for the pool was _____ _____ the birds and animals that had fallen into it.

4. Напишите степени сравнения прилагательных.

good		
curious		
large		
poor		
new		
funny		
desperate		
long		
narrow		
low		

5. Поясните значение слов, выделенных курсивом.

1) And she went on *planning* to herself how she would manage it.
2) 'Oh dear, what *nonsense* I'm talking!'
3) 'You ought to be *ashamed* of yourself,' said Alice.

4) He came trotting along in a great hurry, *muttering to himself* as he came, 'Oh! the Duchess, the Duchess!'

5) 'But if I'm not *the same*, the next question is, Who in the world am I?'

6) 'Everything is *so out-of-the-way* down here, that I should think very likely it can talk: at any rate, there's no harm in trying.'

6. Заполните пропуски предлогами.

1) It was as much as she could do, lying down _____ one side, to look _____ _____ the garden _____ one eye.

2) It was the White Rabbit returning, splendidly dressed, _____ a pair _____ white kid gloves _____ one hand and a large fan _____ the other.

3) 'And now for the garden!' and she ran _____ all speed back _____ the little door: but, alas! the little door was shut again, and the little golden key was lying _____ the glass table as before.

4) And _____ another moment, splash! she was _____ _____ _____ her chin _____ salt water.

5) 'Well, perhaps not,' said Alice _____ a soothing tone, 'don't be angry _____ it.'

6) Alice led the way, and the whole party swam _____ the shore.

7. Составьте 10 вопросов по тексту.

8. Составьте план текста. Перескажите текст, используя план.

Chapter III. **A Caucus-Race and a Long Tale**

1. Прочитайте слова и напишите транскрипционный знак, соответствующий выделенной букве или буквосочетанию.

party   [___]   bank   [___]
clinging   [___]   again   [___]
quite   [___]   known   [___]
than   [___]   older   [___]
please   [___]   speak   [___]
crossly   [___]   tone   [___]
pointing   [___]   short   [___]

2. Напишите транскрипцию слов. Выучите их.

close, after, life, long, age, more, out, ring, catch, thought, find, dear, much, like, circle, exact, easy, answer, finger, very, sadly, took, noise, tail, story, wish, ask, heard, finish.

3. Выберите и подчеркните правильную форму глагола.

1) The first question of course *to be/was/were*, how to get *dry/to dry/dried* again: they *have had/had/were having* a consultation about this.

2) 'I *am/was/is* older than you, and must *to know/know/knowing* better.'

3) Alice kept her eyes on it, for she felt sure she *would catch/to catch/catched* a bad cold if she did not get dry very soon.

4) 'How are you *get/got/getting* on now, my dear?' it continued, turning to Alice as it *spoke/speak/was speaking*.

5) 'What I *was/were/are* going to say,' said the Dodo in an offended tone, 'was, that the best thing to get us dry *would be/was/will be* a Caucus-race.'

6) Alice *had/have/was* no idea what to do, and in despair she *had put/put/was putting* her hand in her pocket, and pulled out a box of comfits.

7) 'You are not attending!' said the Mouse to Alice severely. 'What *have you thought/are you thinking/were you thinking* of?'

4. Напишите противоположные по значению слова и выражения.

close to them	to get dry again
allow	refused
in the middle	silence
winter day	it was easy
everybody has won	to give
sadly	short speech

5. Запишите слова, поставив буквы в правильном порядке.
Enshgli, lipolyte, stiqueon, sunlydde, ingth, semou, grianly.

6. Найдите и выпишите из текста слова, обозначающие названия птиц. Переведите предложения с этими словами на русский язык.

7. Распределите слова по категориям и заполните таблицу.
remarkable, some, old, itself, carefully, voice, children, they, soon, herself, nobody, like, best, cry, however, distance, eagerly, finish, talk, ask, who, tongue, enough, lesson, lose, quite, shook, useful, me, sharply, think, caused, thing.

Noun	Adjective	Verb	Pronoun	Adverb

8. Дополните предложения.
1) 'Nobody seems to like her, down here, and I'm sure she's the...'
2) This speech caused a remarkable sensation...
3) The Mouse only growled ...
4) 'You insult me by talking ...!'
5) 'What else have you got ...?' he went on.
6) 'Only a thimble,' said Alice ...

9. Перескажите текст.

Chapter IV. **The Rabbit Sends in a Little Bill**

1. Напишите транскрипцию слов. Выучите их.

heard, paws, hunting, swim, completely, doing, frightened, mistake, bright, real, looking-glass, drink, expected, curled, magic, chance, unhappy, read, afraid, cucumber, window, ladder, roof, fireplace, animal, doubt, cakes, idea.

2. Заполните пропуски подходящим словом или словосочетанием.

as loud as she could
sure to happen
I wonder
in a moment
after a few minutes
By this time
an angry voice

1) 'Where CAN I have dropped them, _____?'

2) Alice guessed _____ that it was looking for the fan and the pair of white kid gloves.

3) _____ she had found her way into a tidy little room with a table in the window.

4) 'I know SOMETHING interesting is _____,' she said to herself.

5) But _____ she heard a voice outside, and stopped to listen.

6) Next came _____, the Rabbit's, 'Pat! Pat! Where are you?'

7) 'We must burn the house down!' said the Rabbit's voice; and Alice called out _____, 'If you do, I'll set Dinah at you!'

3. Составьте 10 вопросов по тексту.

4. Заполните пропуски артиклями *a, the* или Ø.

1) And then _____ voice she had never heard before, 'I'm here! Digging for _____ apples, yer honour!'

2) There was _____ long silence after this, and _____ Alice could only hear _____ whispers now and then.

3) As soon as she was small enough to get through _____ door, she ran out of _____ house, and found quite _____ crowd of little _____ animals and _____ birds waiting outside.

4) _____ enormous puppy was looking down at her with _____ large round eyes.

5) 'Poor little thing!' said _____ Alice, in _____ coaxing tone, and she tried hard to whistle to it; but she was terribly frightened all _____ time at _____ thought that it might be hungry.

6) She stretched herself up on tiptoe, and peeped over _____ edge of _____ mushroom, and her eyes immediately met those of _____ large caterpillar.

5. Поставьте слова в правильном порядке, чтобы получились предложения.

1) me, moment, my, Fetch, this, gloves!

2) tell, that, me, Pat, what's, Now, in, window, the?

3) any, I'm, don't, here, want, sure, to stay, in, longer, I!

4) idea, head, A bright, into, her, came.

5) second, way, is, the, to find, thing, my, into, garden, that, lovely, And.

6) seemed, This, making, to, Alice, opportunity, a good, her, escape, for.

7) all, Alice, her, looked, at, round, flowers, the.

8) was, There, a mushroom, large, near, growing, her.

6. Выпишите из текста слова, обозначающие названия.
   а) частей тела:

   _____

   _____

   б) животных:

   _____

   _____

   в) предметы мебели и части здания:

   _____

   _____

7. Найдите в тексте предложения с данными словами и словосочетаниями. Переведите предложения на русский язык.
   had lost something, a pair of gloves, in the direction, out of the window, there seemed to be no sort of chance, there's hardly room for, to be afraid of.

8. Напишите формы глаголов.

guess			
begin			
swim			
notice			
meet			
send			
leave			
eat			
grow			
happen			
become			
listen			
shake			
catch			

9. Перескажите текст.

Chapter V. **Advice from a Caterpillar**

1. **Как Вы понимаете значение слова "advice"? Любите ли Вы давать советы? Как часто Вы это делаете?**

2. **Найдите в тексте и напишите слова с данными звуками.**

   [aı] _____

   [n] _____

   [ɔ:] _____

   [ð] _____

   [z] _____

3. **Напишите транскрипцию слов. Выучите их.**

   looked, shyly, times, since, ought, mind, anger, wait, worth, hearing, changed, together, words, want, often, spoke, high, twice, grass, were, round, chin, work, alarm, leaves, head, sharp, idea, those, annoyed, girls, child, deal, mushroom, usual, garden.

4. **Заполните пропуски правильной формой глагола в скобках.**

   1) The Caterpillar and Alice _____ (to look) at each other for some time in silence.

   2) 'Who _____ (to be) YOU?' _____ (to say) the Caterpillar.

   3) 'I hardly know, sir, at least I _____ (to know) who I _____ (to be) when I _____

(to get) up this morning, but I _____ (to think)
I must have been changed several times since then.'

4) Here _____ (to be) another puzzling question,
and as Alice _____ (could/not/to think) of any
good reason, and as the Caterpillar _____
(to seem) to be in a VERY unpleasant state of mind, she
_____ (to turn) away.

5) 'I _____ (can/not/to remember) things as
I used, and I _____ (not/to keep) the same size
for ten minutes together!'

6) 'What size _____ you _____ (to want)
to be?' it _____ (to ask).

7) Alice _____ (to say) nothing: she _____
_____ (to feel) that she _____ (to lose)
her temper.

5. Поставьте слова в правильном порядке, чтобы получились предложения.
1) This, for, not, opening, an encouraging, a conversation, was.
2) can't, MYSELF, explain, I'm, said, afraid, I, sir, Alice.
3) the, see, said, don't, Caterpillar, I.
4) I've important something to say!
5) minutes, is, silence, wrong, It, beginning, and, to end, some, there, from, was, for.
6) another, out, it, was, In, sight, of, moment.
7) Serpent, Pigeon, the, screamed!
8) a little, said, I'm, doubtfully, Alice, rather, girl.

6. Запишите предложения в вопросительной или отрицательной форме.
1) The Caterpillar was the first to speak.

2) 'It is a very good height indeed!' said the Caterpillar angrily.
3) Then it got down off the mushroom, and crawled away in the grass.
4) She was a good deal frightened by this very sudden change.
5) Alice was more and more puzzled.
6) 'I can see you're trying to invent something!'

7. Составьте диалог и воспроизведите его. Используйте данные слова и словосочетания.

Who are YOU?, several times, explain yourself, is very confusing, a butterfly, may be different, something important to say, keep your temper.

8. Перескажите текст.

Chapter VI. **Pig and Pepper**

1. Напишите транскрипцию слов. Выучите их.

next, livery, wood, fish, loudly, frog, listen, himself, invitation, order, play, ground, staring, sky, knocked, use, reasons, hear, crash, eyes, plate, straight, just, first, whistling, smoke, nursing, fire, soup, pause, cook, ear, sure, every, directions, murder.

2. Выберите и подчеркните правильную форму глагола.

1) Alice *laughed/was laughing/laugh* so much at this, that she *have/could/had* to run back into the wood.

2) He *look/was looking/looked* up into the sky all the time he *was speaking/spoke/spoken*, and this Alice *think/was thinking/thought* decidedly uncivil.

3) 'I *shall sit/sat/was sitting* here,' the Footman remarked, 'till tomorrow...'

4) 'If everybody *minded/mind/to mind* their own business,' the Duchess said in a hoarse growl, 'the world *have gone/was going/would go* round a deal faster than it does.'

5) As soon as *she had made/has made/made* out the proper way of nursing it, she carried it out into the open air.

6) The poor little thing sobbed again, and they *went/was going/go* on for some while in silence.

3. Поясните значение слов, выделенных курсивом.

1) Alice was just beginning *to think to herself*.
2) This time there could be NO *mistake* about it.
3) She felt that it ought to be treated with *respect*.
4) 'That depends *a good deal* on where you want to get to,' said the Cat.
5) 'I *don't much care* where...', said Alice.
6) After a minute or two she walked on in the direction in which the March Hare *was said* to live.
7) 'You'll see me there,' said the Cat, and *vanished*.

4. Соедините слова, чтобы получились словосочетания. Составьте с ними 3—5 предложений.

a round	verse
large	dog
a violent	pig
the second	creature
an angry	face
a good-natured	shake
a handsome	cat
the little	eyes

5. Заполните пропуски артиклями *a*, *the* или Ø.

1) _____ Footman seemed to think this _____ good opportunity for repeating his remark, with _____ variations.
2) _____ only things in _____ kitchen that did not sneeze, were _____ cook, and _____ large cat which was sitting on _____ hearth and grinning from _____ ear to _____ ear.
3) 'You see _____ earth takes twenty-four hours to turn round on its axis...'
4) It's _____ most curious thing I ever saw in my life!

5) _____ baby grunted again, and _____ Alice looked very anxiously into its face to see what was _____ matter with it.

6) There could be no _____ doubt that it had _____ VERY turn-up nose, much more like _____ snout than _____ real nose, also its eyes were getting extremely small for _____ baby.

6. Составьте 10 вопросов по тексту.

7. Составьте план текста. Перескажите текст, используя план.

Chapter VII. **A Mad Tea-Party**

1. Напишите транскрипцию слов. Выучите их.

table, front, between, uncomfortable, suppose, together, corner, armchair, remarked, learn, rude, riddles, answer, month, butter, funny, year, understand, waste, music, whisper, hungry, exclaimed, wash, tired, slowly, interest, tea, please, promise, rather, offend, instantly, golden.

2. Заполните пропуски подходящим словом или словосочетанием.

Once upon a time
A bright idea came into
to break the silence
helped herself to
crowded together
kept on good terms with
find out the answer

1) The table was a large one, but the three were all _____ _____ at one corner of it.

2) 'Do you mean that you think you can _____ _____ to it?' said the March Hare.

3) The Hatter was the first _____.

4) Now, if you only _____ him, he'd do almost anything you liked with the clock.

5) _____ Alice's head. 'Is that the reason so many tea-things are put out here?' she asked.

6) '_____ there were three little sisters,'
the Dormouse began in a great hurry.

7) She _____ some tea and bread-and-
butter, and then turned to the Dormouse, and repeated her
question.

3. **Чьи это слова? Найдите в тексте эти предложения, дополните ситуацию и переведите на русский язык.**
1) 'Then it wasn't very civil of you to offer it.'
2) 'Then you should say what you mean.'
3) 'What day of the month is it?'
4) 'It was the BEST butter.'
5) 'What a funny watch!'
6) 'Which is just the case with MINE.'
7) 'Of course, of course; just what I was going to remark
myself.'

4. **Напишите противоположные по значению слова.**

clean _____   poor _____

begin _____   silent _____

much _____   close _____

5. **Составьте вопросы, на которые данные предложения будут
ответами.**
1) 'I want a clean cup,' interrupted the Hatter.
2) She let the Dormouse go on for some time without interrupting it.
3) The last time she saw them, they were trying to put the
Dormouse into the teapot.
4) 'It's the stupidest tea-party I ever was at in all my life!'
5) She found herself at last in the beautiful garden, among the
bright flower-beds and the cool fountains.
6) The Hatter was the only one who got any advantage from
the change.

7) 'Once upon a time there were three little sisters,' the Dormouse began in a great hurry; 'and their names were Elsie, Lacie, and Tillie.'

6. Заполните пропуски предлогами.

1) There was a table set out _____ a tree _____ the house, and the March Hare and the Hatter were having tea _____ it.

2) 'Why did they live _____ the bottom _____ a well?'

3) Once more she found herself _____ the long hall, and close _____ the little glass table.

4) Alice always took a great interest _____ questions _____ eating and drinking.

5) Now, if you only kept _____ good terms _____ him, he'd do almost anything you liked _____ the clock.

7. Напишите аннотацию (краткое содержание) текста.

Chapter VIII. **The Queen's Croquet-Ground**

1. Напишите транскрипцию слов. Выучите их.

growing, painting, splashing, elbow, Queen, none, brush, across, sound, among, velvet, reply, impatiently, faces, fury, screamed, foot, knee, marched, happen, ear, laughter, live (*adj*), expression, escape, indeed, prison, game.

2. Заполните пропуски правильной формой глагола в скобках.

1) 'Would you tell me,' said Alice, a little timidly, 'why you _____ (to paint) those roses?'

2) Among them Alice _____ (to recognise) the White Rabbit: it _____ (to talk) in a hurried nervous manner, smiling at everything that was said.

3) You see, as they _____ (to lie) on their faces, and the pattern on their backs _____ (to be) the same as the rest of the pack, she could not tell whether they _____ (to be) gardeners or soldiers.

4) 'How _____ you _____ (to get) on?' ____ _____ (to say) the Cat, as soon as there _____ _____ (to be) mouth enough for it to speak with.

5) 'A cat may _____ (to look) at a king,' _____ _____ (to say) Alice. 'I _____ (to read)

that in some book, but I _____ (not/to remember) where.'

6) When she _____ (to get) back to the Cheshire Cat, she _____ (to be surprised) to find quite a large crowd collected round it.

3. Найдите в тексте английские эквиваленты слов. Выпишите их.

вход, наблюдать за кем-либо, «осторожнее!», вина, дело, вместо, тихим голосом, по ошибке, по парам, улыбаться чему-либо, пышная процессия, удивленная своей смелостью, закричать, громко и решительно, сердито, несчастный, взволнованно, громовым голосом, прийти к выводу, например, «позвольте мне представить его», в поисках, отличная возможность, беседа, исчезать.

4. Выберите правильный вариант.

1) Near the entrance of the garden there was a large _____ _____.
   a) rose-tree with red roses
   b) rose-tree with white roses
   c) flower-bed with flowers

2) The soldiers were _____.
   a) painting the roses
   b) fighting
   c) playing football

3) The Queen wanted _____.
   a) to play cards
   b) to invite Alice to dinner
   c) to know the girl's name

4) Alice put the soldiers into _____ that stood near.
   a) a large box
   b) a large flower-pot
   c) a small box

5) The Queen asked Alice, _____.
   a) "Can you play tennis?"
   b) "Can you read and tell stories?"
   c) "Can you play croquet?"
6) Alice was happy to speak to _____.
   a) the Cheshire Cat
   b) the Queen
   c) the King
7) They played croquet with the help of _____.
   a) balls and mallets
   b) balloons and sticks
   c) flamingoes and hedgehogs

5. Напишите формы глаголов.

stand			
grow			
say			
bring			
look			
cut			
throw			
carry			
lie			
run			
play			

6. Перескажите текст.

Chapter IX. **The Mock Turtle's Story**

1. Найдите в тексте и напишите слова с данными звуками (8—10 слов).

[æ] _____

[əʊ] _____

[ɑ:] _____

[kw] _____

[ı] _____

2. Напишите транскрипцию слов. Выучите их.

arm, affectionately, pleasant, perhaps, though, startled, ugly, height, sharp, love, shoulder, round, reason, clear, agree, exclaimed, vegetable, chose, birthday, surprise, weak, advantage, except, sorrow, deep, hollow, patiently, calmly, added, proud, relief.

3. Заполните пропуски подходящим словом или словосочетанием.

sighing in his turn
at the bottom of the sea
with large eyes full of tears
from day to day
for some minutes
if only you can find it
out of sight

1) 'Everything's got a moral, _____.'
   And she squeezed herself up closer to Alice's side as she
   spoke.

2) So they sat down, and nobody spoke _____

   _____.

3) 'So he did, so he did,' said the Gryphon, _____

   _____; and both creatures hid their faces in their
   paws.

4) The Gryphon sat up and rubbed its eyes: then it watched the
   Queen till she was _____: then it
   chuckled.

5) So they went up to the Mock Turtle, who looked at them __
   _____, but said nothing.

6) 'You couldn't have wanted it much,' said Alice; 'living ____
   _____.'

7) 'That's the reason they're called lessons,' the Gryphon
   remarked: 'because they lessen _____

   _____.'

4. Поясните значение слов, выделенных курсивом.

1) 'Ah! then yours wasn't a really good school,' said the Mock
   Turtle in *a tone of great relief*.

2) Alice did not feel *encouraged* to ask any more questions
   about it.

3) 'And how many hours a day did you do lessons?' said Alice,
   in a hurry *to change the subject*.

4) 'What a *curious* plan!' exclaimed Alice.

5) Alice thought to herself, 'I don't see how he can EVEN
   finish, if he doesn't begin.' But she waited *patiently*.

6) Alice looked up, and there stood the Queen in front of them,
   with her arms folded, *frowning like a thunderstorm*.

5. Напишите противоположные по значению слова и выражения.

dear _____   find _____

close _____   forget _____

ugly _____   rude _____

same _____   agree _____

pleased _____   begin _____

weak _____   slowly _____

6. Составьте 10 вопросов по тексту.

7. Перескажите текст.

Chapter X. **The Lobster Quadrille**

1. Найдите лишнее слово. Поясните свой выбор. Добавьте по три слова с каждым из звуков.

[ɒ]   sobs, bone, across, lobster, not, often;

[ɜ:]   work, herself, turn, purpose, person, voice;

[ŋ]   sing, dancing, long, thank, shiny, saying.

2. Найдите в тексте английские эквиваленты слов. Выпишите их.

глубоко вздыхать, знакомить с кем-либо, не иметь понятия, прерывать, существо, задумчиво, торжественно отвечать, озадаченный, другой человек, объяснять, любопытный, иметь влияние на кого-либо, путаный, обиженным тоном, не дожидаясь.

3. Составьте вопросы, на которые данные предложения будут ответами.

1) He looked at Alice, and tried to speak, but for a minute or two sobs choked his voice.
2) So they began solemnly dancing round and round Alice.
3) Alice was thoroughly puzzled.
4) Her listeners were perfectly quiet.
5) He looked at the Gryphon as if he thought it had some kind of authority over Alice.
6) She had sat down wondering if anything would EVER happen in a natural way again.
7) It hurried off, without waiting for the end of the song.

4. Распределите слова по категориям и заполните таблицу.

she, ran, more, words, deeply, his, tried, sobs, tears, he, lived, delightful, idea, never, what, cried, salmon, when, them, wildly, its, mad, sat, sadly, must, pretty, their, often, believe, reason.

Noun	Adjective	Verb	Pronoun	Adverb

5. Образуйте прилагательные.

interest, know, wonder, curiosity, impatience, wisdom, reality, difference, use, nerve, perfectly, thought, kindness, faintly.

6. Заполните пропуски артиклями *a*, *the* или Ø.

1) 'We can do without _____ lobsters, you know. Which shall sing?'

2) Alice was thoroughly puzzled. 'Does _____ boots and shoes!' she repeated in _____ wondering tone.

3) 'Come on!' cried _____ Gryphon, and, taking Alice by _____ hand, it hurried off, without waiting for _____ end of _____ song.

4) 'No, no! _____ adventures first,' said _____ Gryphon in _____ impatient tone: '_____ explanations take such _____ dreadful time.'

5) 'It's _____ first position in dancing.' Alice said; but was dreadfully puzzled by _____ whole thing, and longed to change _____ subject.

7. Дополните предложения.

1) At last the Mock Turtle recovered his...
2) 'I believe so,' Alice replied ...
3) Alice looked down at them, and considered a little before she ...
4) And the Gryphon added, 'Come, let's hear some of ...'
5) So Alice began telling them her adventures from the time when she first saw ...
6) 'Yes, I think you'd better leave off,' said the Gryphon: and Alice was ...

8. Составьте план текста. Перескажите текст, используя план.

Chapter XI. **Who Stole the Tarts?**

1. Заполните таблицу, согласно правилам чтения окончания -*ed*.

[d]	[t]	[ɪd]

seated, arrived, looked, seemed, pleased, whispered, stopped, unrolled, interrupted, finished, followed, added, turned, fidgeted, executed, puzzled, decided, crossed, trembled, repeated, asked, slipped, continued, replied, settled.

2. Напишите транскрипцию слов. Выучите их.

court, minutes, whole, disappeared, relief, witness, forehead, ache, evidence, imagine, anxiously, melancholy, frowning, guessed, officers, attempts, immediately, miserable, jury, deny, hurry, twinkled, nonsense, remain, instantly, piece, quickly, finger, stupid, twelve.

3. Заполните пропуски подходящим словом или словосочетанием.

being rather proud of
arm-in-arm with
Stupid things!
a piece of bread-and-butter
by the way
busily
she had read about them in books

1) Alice had never been in a court of justice before, but _____
   _____, and she was quite pleased to find that
   she knew the name of nearly everything there.

2) The judge, _____, was the King.

3) She said this last word two or three times over to herself,
   _____ it.

4) The twelve jurors were all writing very _____ on
   slates.

5) '_____' Alice began in a loud, indignant
   voice, but she stopped hastily, for the White Rabbit cried
   out, 'Silence in the court!'

6) He came in with a teacup in one hand and _____
   _____ in the other.

7) The Hatter looked at the March Hare, who had followed him
   into the court, _____ the Dormouse.

4. Поясните значение слов, выделенных курсивом.

1) She thought that very few little girls of her age knew the
   meaning of it at all

2) 'They're putting down their names,' the Gryphon whispered
   in reply, 'for fear they should forget them before the end of
   the trial.'

3) 'Not yet, not yet!' the Rabbit hastily *interrupted*. 'There's
   a great deal to come before that!'

4) All this time the Queen had never left off *staring* at the
   Hatter.

5) 'I'm a poor man, your Majesty,' the Hatter began, in *a trembling voice*.

6) The *miserable* Hatter dropped his teacup and bread-and-butter, and went down on one knee.

7) 'You're *a very poor speaker*,' said the King.

5. Найдите, обведите и выпишите слова, перевод которых дан ниже.

чашка, масло, список, свидетель, король, повар, кролик, фруктовый пирог, голос, удивление, имя, карандаш.

L	T	Y	V	U	I	O	P	L	B	Q	A
I	Z	X	O	U	T	E	A	C	U	P	D
S	C	V	I	G	L	C	D	F	T	F	G
T	A	S	C	O	O	K	Y	H	T	H	J
J	R	H	E	C	W	I	T	N	E	S	S
N	A	M	E	V	B	N	R	T	R	O	P
I	B	X	J	N	B	G	F	L	J	S	D
O	B	K	P	E	N	C	I	L	H	J	K
P	I	H	J	S	U	R	P	R	I	S	E
M	T	A	R	T	Z	X	B	Z	N	Z	Z

6. Запишите предложения в вопросительной или отрицательной форме.

1) Near the King was the White Rabbit, with a trumpet.
2) In the middle of the court was a table, with a large dish of tarts upon it.
3) Alice had read about a court of justice in books.
4) She knew the name of nearly everything there.
5) The twelve jurors were all writing on slates.
6) The King put on his spectacles and looked anxiously round.

7. Напишите противоположные по значению слова и выражения.

down _____   stupid _____

before_____   behind _____

first _____   white _____

finished _____   take off_____

sell _____   large _____

poor _____   everything _____

8. Составьте план текста. Перескажите текст, используя план.

Chapter XII. **Alice's Evidence**

1. Что означает слово "evidence"? В каких ситуациях его можно употребить?

2. Напишите транскрипцию слов. Выучите их.

jumped, edge, skirt, upset, vague, downwards, recovered, accident, mean, respectful, sounded, invented, trembling, prisoner, signed, honest, trouble, sadly, unfortunate, words, dream, listened, alive, creatures, grass.

3. Найдите в тексте английские эквиваленты слов. Выпишите их.

в такой спешке, случайно, как можно быстрее, серьезным голосом, бедняжка, настаивать, это ничего не значит, почти, самое старое правило, побледнеть, развернуть бумагу, почерк, доказать вину, потирая руки, качать головой, обиженным тоном, замечательный, с закрытыми глазами.

4. Заполните пропуски правильной формой глагола в скобках.

1) She _____ (to have) a vague sort of idea that they must _____ (to be put) back into the jury-box, or they _____ (to die).

2) Alice _____ (to look) at the jury-box, and ____ _____ (to see) that, in her haste, she _____ _____ (to put) the Lizard in head downwards, and the

poor little thing _____ (to wave) its tail about in a melancholy way.

3) They _____ (to begin) to write this down on their slates, when the White Rabbit _____ (to interrupt).

4) At this moment the King, who _____ (to be) for some time busily writing in his note-book, _____ _____ (to read) out from his book, 'Rule Forty-two.'

5) 'I _____ (not/to be) a mile high,' _____ _____ (to say) Alice.

6) 'There _____ (to be) more evidence to come yet, please your Majesty,' _____ (to say) the White Rabbit, jumping up in a great hurry, 'this paper ___ _____ (to be picked) up.'

7) There _____ (to be) a general clapping of hands at this: it _____ (to be) the first really clever thing the King _____ (to say) that day.

5. Поясните значение слов, выделенных курсивом.

1) As soon as the jury had a little recovered from *the shock* of being upset, they set to work very diligently to write out a history of the accident.

2) The Lizard *was gazing* up into the roof of the court.

3) 'It's *the oldest* rule in the book,' said the King.

4) It seems to be a letter, written by *the prisoner* to... to somebody.

5) 'He must have *imitated* somebody else's hand,' said the King.

6) The White Rabbit put on his *spectacles*.

6. Заполните пропуски предлогами.

1) 'Then the words don't FIT you,' said the King, looking ____ _____ the court _____ a smile.

2) 'All right, so far,' said the King, and he went _____ muttering _____ the verses _____ himself.

3) 'Who is it directed _____?' said one _____ the jurymen.

4) 'It isn't directed at all,' said the White Rabbit; '_____ fact, there's nothing written _____ the OUTSIDE.'

5) 'Why, there they are!' said the King triumphantly, pointing _____ the tarts _____ the table.

6) 'Who cares _____ you?' said Alice (she had grown _____ her full size _____ this time). 'You're nothing but a pack _____ cards!'

7. Найдите в тексте предложения с данными словами и словосочетаниями. Переведите предложения на русский язык.
   she gave a little scream, such a curious dream, I beg your pardon, in a very respectful tone, it doesn't matter a bit, that's not a regular rule.

8. Выберите любую главу книги и перескажите часть ее близко к тексту.

English-Russian Vocabulary

a	adjective	прилагательное
adv	adverb	наречие
cj	conjunction	союз
n	noun	существительное
num	numeral	числительное
past	past tense	прошедшее время
pl	plural	множественное число
pron	pronoun	местоимение
p.p.	past participle	причастие прошедшего времени
prep	preposition	предлог
v	verb	глагол

A

abide [ə'baɪd] (abode) *v* выносить

about [ə'baʊt] *prep* 1) (*в отношении места*) вокруг, по; при; около; 2) о, относительно

absence ['æbsəns] *n* отсутствие

absurd [əb'sɜːd] *a* нелепый; абсурдный

acceptance [ək'septəns] *n* принятие, приём

account [ə'kaʊnt] *v* считать, рассматривать

accusation [ˌækjuː'zeɪʃən] *n* обвинение

ache [eɪk] *v* болеть

actually ['æktjʊəlɪ] *adv* на самом деле, действительно; даже

add [æd] *v* прибавлять; присоединять

address [ə'dres] *v* направлять, адресовать; обращаться

adjourn [ə'dʒɜːn] *v* отсрочивать; объявлять перерыв

advance [əd'vɑːns] *v* продвигаться; продвигаться вперёд; *n* продвижение

advantage [əd'vɑːntɪdʒ] *n* выгода; польза

adventure [əd'ventʃə] *n* приключение; авантюра

advice [əd'vaɪs] *n* совет

advise [əd'vaɪz] *v* советовать

afford [ə'fɔːd] *v* быть в состоянии позволить себе что-л.

afore = before

afraid [ə'freɪd] *a* испуганный; be afraid бояться

afterwards ['ɑːftəwədz] *adv* потом, позже; впоследствии

air [eə] *n* воздух

alarm [ə'lɑːm] *n* тревога

alive [ə'laɪv] *a* живой; бодрый

allow [ə'laʊ] *v* позволять; давать, предоставлять; допускать, признавать

aloud [ə'laʊd] *adv* вслух

alter ['ɔːltə] *v* изменять; переделывать; изменяться

alternately [ɔː'lɜːnɪtlɪ] *adv* попеременно

altogether [ˌɔːltə'geðə] *adv* вполне, всецело; в целом

among [ə'mʌŋ] *prep* между (многими); среди; из

ancient ['eɪnʃənt] *a* древний

anger ['æŋgə] *n* гнев

angry ['æŋgrɪ] *a* сердитый; разгневанный

annoy [ə'nɔɪ] *a* досаждать, надоедать

answer ['ɑːnsə] *n* ответ; *v* отвечать

anxiously ['æŋkʃəslɪ] *adv* озабоченно, взволнованно
appeal [ə'piːl] *n* просьба, мольба; призыв; *v* взывать, обращаться; просить, молить
appear [ə'pɪə] *v* появляться, приходить, прибывать, показываться
applause [ə'plɔːz] *n* аплодисменты
arch [ɑːtʃ] *n* арка
archbishop [ˌɑːtʃ'bɪʃəp] *n* архиепископ
argue ['ɑːgjuː] *v* спорить
argument ['ɑːgjʊmənt] *n* спор, дискуссия; довод
arrow ['ærəʊ] *n* стрела
ashamed [ə'ʃeɪmd] *a* пристыжённый
assemble [ə'sembl] *v* собирать; собираться
ate [et] *past от* eat
attempt [ə'tempt] *n* попытка; *v* пытаться, пробовать
attend [ə'tend] *v* слушать
audibly ['ɔːdəblɪ] *adv* слышно, внятно
authority [ɔː'θɒrɪtɪ] *n* авторитет
avoid [ə'vɔɪd] *v* избегать, сторониться
axis ['æksɪs] *n* ось

B

bank [bæŋk] *n* берег (*реки, канала*)
bark [bɑːk] *v* лаять
barley-sugar ['bɑːlɪˈʃʊgə] *n* леденец
bawl [bɔːl] *v* орать
bear [beə] (bore; borne) *v* носить; выносить, терпеть
beast [biːst] *n* зверь
beautify ['bjuːtɪfaɪ] *v* украшать
because [bɪ'kɒz] *cj* так как, потому что; *prep* because of из-за
becoming [bɪ'kʌmɪŋ] *a* подходящий; (идущий) к лицу
bed [bed] *n* грядка, клумба
began [bɪ'gæn] *past от* begin
begin [bɪ'gɪn] (began; begun) *v* начинать; начинаться
behead [bɪ'hed] *v* обезглавить
belong [bɪ'lɒŋ] *v* принадлежать, относиться (to)
bend [bend] (bent) *v* сгибаться; наклоняться, гнуться; изгибаться
besides [bɪ'saɪdz] *prep* кроме; *adv* кроме того; помимо кроме

bite [baɪt] (bit; bit, bitten) *v* кусаться; кусать; жечь
bitter ['bɪtə] *a* горький
blade [bleɪd] *n* лезвие; лопасть; узкий лист
blame [bleɪm] *n* обвинение; вина
blast [blɑːst] *n* звук духового инструмента
bleed [bliːd] *v* кровоточить; истекать кровью
blow [bləʊ] (blew; blown) *v* дуть; играть на духовом инструменте
boldly ['bəʊldlɪ] *adv* смело
bone [bəʊn] *n* кость
bottom ['bɒtəm] *n* дно; низ
bough [baʊ] *n* ветвь
bound [baʊnd] *v* отскакивать
bow [baʊ] *n* поклон; *v* кланяться; сгибаться
branch [brɑːntʃ] *n* ветка
brass [brɑːs] *a* медный
brave [breɪv] *a* храбрый
breathe [briːð] *v* дышать
breeze [briːz] *n* лёгкий ветерок
bright [braɪt] *a* яркий; светлый; смышлёный, сообразительный
bristle ['brɪsl] *v* ощетиниться, подняться дыбом
brought [brɔːt] *past и p. p. от* bring
burn [bɜːn] (burnt) *v* жечь, сжигать; обжигать; гореть
burst [bɜːst] (burst) *v* лопнуть, взорваться; разразиться (*о буре*); burst out into залиться (*смехом, слезами*); воскликнуть, восклицать
butter ['bʌtə] *n* масло
buttercup ['bʌtəkʌp] *n* лютик
butterfly ['bʌtəflaɪ] *n* бабочка

C

cackle ['kækl] *v* кудахтать; хихикать
call [kɔːl] *v* называть; звать
camomile ['kæməmaɪl] *n* ромашка
canary [kə'neərɪ] *n* канарейка
candle ['kændl] *n* свеча
canvas ['kænvəs] *n* парусина; брезент
caper ['keɪpə] *v* прыгать; дурачиться
cardboard ['kɑːdbɔːd] *n* картон

261

English-Russian Vocabulary

care [keə] *n* забота; внимание; осмотрительность; осторожность; *v* заботиться

catch [kætʃ] (caught) *v* схватить, поймать; уловить

caterpillar ['kætəpɪlə] *n* гусеница

caught [kɔːt] *past u p. p. om* catch

cauldron ['kɔːldrən] *n* котёл; котелок

cause [kɔːz] *n* причина

cautiously ['kɔːʃəslɪ] *adv* осторожно, осмотрительно

certainly ['sɜːtnlɪ] *adv* конечно

change ['tʃeɪndʒ] *v* менять; изменять-(ся); to change one's mind передумать; *n* перемена; изменение

cheap [tʃiːp] *a* дешёвый

cheat [tʃiːt] *v* обманывать

cheer [tʃɪə] *v* ободрять; аплодировать

cherry ['tʃerɪ] *a* вишневый

chimney ['tʃɪmnɪ] *n* труба; дымоход

chin [tʃɪn] *n* подбородок

choke [tʃəuk] *v* задыхаться; душить

chop [tʃɒp] *v* рубить; *n* удар

chose [tʃəuz] *past om* choose

choose [tʃuːz] (chose; chosen) *v* выбирать

chrysalis ['krɪsəlɪs] *n* куколка насекомых

chuckle ['tʃʌkl] *v* посмеиваться, хихикать

circumstance ['sɜːkəmstəns] *n* (обыкн. *pl*) обстоятельства

civil ['sɪvl] *a* вежливый

clamour ['klæmə] *n* шум

clap [klæp] *v* хлопать (*в ладоши*)

claw [klɔː] *n* коготь; лапа с когтями

clearly ['klɪəlɪ] *adv* понятно

climb [klaɪm] *n* подъём; *v* взбираться; подниматься

cling [klɪŋ] (clung) *v* цепляться

club [klʌb] *n* клюшка

coast [kəust] *n* побережье

coax [kəuks] *v* задабривать; льстить

collar ['kɒlə] *v* схватить за шиворот

comfit ['kʌmfɪt] *n* засахаренные фрукты или орехи

comfort ['kʌmfət] *n* утешение; поддержка (моральная)

common ['kɒmən] *a* обыкновенный; заурядный, обычный; частый

complain [kəm'pleɪn] *v* жаловаться

conclude [kən'kluːd] *v* заключать; делать вывод

conclusion [kən'kluːʒən] *n* заключение

confused [kən'fjuːzd] *a* смущённый; озадаченный

confusing [kən'fjuːzɪŋ] *a* сбивающий с толку

confusion [kən'fjuːʒən] *n* беспорядок; смущение

conger-eel ['kɒŋgəriːl] *n* морской угорь

conqueror ['kɒŋkərə] *n* завоеватель

consider [kən'sɪdə] *v* рассматривать; считать, полагать

constant ['kɒnstənt] *a* постоянный

contempt [kən'tempt] *n* презрение

contemptuously [kən'temptjuəslɪ] *adv* презрительно

content [kən'tent] *a* довольный; *v* удовлетворять; be contented довольствоваться

contradict [ˌkɒntrə'dɪkt] *v* противоречить; опровергать

conversation [ˌkɒnvə'seɪʃən] *n* разговор

corner ['kɔːnə] *n* угол, уголок

cost [kɒst] (cost) *v* стоить, обходиться

couple ['kʌpl] *n* пара

courage ['kʌrɪdʒ] *n* храбрость, смелость

court [kɔːt] *n* суд

courtier ['kɔːtjə] *n* придворный

coward ['kauəd] *n* трус

crash [kræʃ] *n* грохот, треск; *v* падать, рушиться с треском, грохотом

crawl [krɔːl] *v* ползти; тащиться

creature ['kriːtʃə] *n* создание; живое существо

creep [kriːp] (crept) *v* ползать; стлаться

crimson ['krɪmzn] *a* тёмно-красный; малиновый; *v* краснеть

cross [krɒs] *a* сердитый

cross-examine [ˌkrɒsɪg'zæmɪn] *v* проводить перекрёстный допрос

crouch [krautʃ] *v* сгибаться

crowded ['kraudɪd] *a* переполненный

crumb [krʌm] *n* крошка (*хлеба*)

cry [kraɪ] *v* плакать

curiosity [ˌkjuərɪ'ɒsɪtɪ] *n* любопытство, интерес

curious ['kjuərɪəs] *a* любопытный

curl [kɜːl] *v* виться, завиваться

currant ['kʌrənt] *n* смородина
curtain ['kɜːtn] *n* занавеска
curtsey ['kɜːtsɪ] *n* реверанс, приседание; *v* делать реверанс
curving ['kɜːvɪŋ] *a* кривой
cushion ['kuʃən] *n* (диванная) подушка
custard ['kʌstəd] *n* заварной крем из яиц и молока
custody ['kʌstədɪ] *n* арест, заключение; take into custody арестовать, взять под стражу

D
daisy ['deɪzɪ] *n* маргаритка
dare [deə] (dare, durst; dared; *3-е л. ед. ч. наст. вр. тж.* dare) *v* сметь, отваживаться
deal [diːl] *n* сделка, договоренность; a great deal очень много
decide [dɪ'saɪd] *v* решить, принять решение
decidedly [dɪ'saɪdɪdlɪ] *adv* решительно; несомненно, явно
declare [dɪ'kleə] *v* объявлять, провозглашать; заявлять
delay [dɪ'leɪ] *n* промедление; задержка
delight [dɪ'laɪt] *n* восхищение
deny [dɪ'naɪ] *v* отрицать; отказывать
depend [dɪ'pend] *v* зависеть (on, upon); it depends это зависит (от обстоятельств)
deserve [dɪ'zɜːv] *v* заслуживать
despair [dɪ'speə] *n* отчаяние
desperate ['despərɪt] *a* отчаянный; безнадёжный
dig [dɪg] (dug) *v* копать, рыть
diligently ['dɪlɪdʒəntlɪ] *adv* прилежно, старательно
dip [dɪp] *v* погружать, окунать; погружаться, окунаться
direction [dɪ'rekʃən] *n* направление; управление, руководство
disagree [,dɪsə'griː] *v* не соглашаться; ссориться
disappear [,dɪsə'pɪə] *v* исчезать, скрываться
disappointed [,dɪsə'pɔɪntɪd] *a* разочарованный; обманутый
disappointment [,dɪsə'pɔɪntmənt] *n* разочарование; досада

disgust [dɪs'gʌst] *n* отвращение
dismay [dɪ'smeɪ] *n* страх, испуг
disobey [,dɪsə'beɪ] *v* ослушаться; не слушаться
dispute [dɪs'pjuːt] *v* спорить; обсуждать, дискутировать
distance ['dɪstəns] *n* расстояние; промежуток (*времени*)
dive [daɪv] *v* нырять
dodge [dɒdʒ] *v* увиливать
dormouse ['dɔːmaus] *n* соня, сурок
doubt [daut] *n* сомнение
doubtful ['dautfəl] *a* сомнительный, недостоверный
downward ['daunwəd] *a* спускающийся
doze [dəuz] *v* дремать
draggle ['drægl] *v* тащиться в хвосте
draw [drɔː] (drew; drawn) *v* тащить, волочить; вести; тянуть
dreadful ['dredfəl] *a* ужасный
dream [driːm] *n* сон; мечта; грёза
dress [dres] *v* одевать; наряжать; одеваться; наряжаться
drop [drɒp] *v* ронять, бросать
drown [draun] *v* тонуть
dry [draɪ] *v* сушить; сохнуть
duchess ['dʌtʃɪs] *n* герцогиня
dull [dʌl] *a* тупой; глупый
dunce [dʌns] *n* тупица

E
eager ['iːgə] *a* стремящийся (*к чему-л.*); нетерпеливый
eaglet ['iːglɪt] *n* орлёнок
earl [ɜːl] *n* граф
earnestly ['ɜːnɪstlɪ] *adv* серьёзно
earth [ɜːθ] *n* земля; земной шар
eat [iːt] (ate; eaten) *v* есть
edge [edʒ] *n* лезвие; край; окраина
eel [iːl] *n* угорь
either ['aɪðə] *a* тот или другой; каждый (*из двух*); *pron* любой (*из двух*); *adv, cj* или, либо; также
elbow ['elbəu] *n* локоть
emphasis ['emfəsɪs] *n* ударение, подчёркивание
encourage [ɪn'kʌrɪdʒ] *v* ободрять, поощрять; поддерживать
energetic [,enə'dʒetɪk] *a* энергичный

engaged [ın'geıdʒd] *v* обязываться; заниматься (*чем-л.*)
engrave [ın'greıv] *v* гравировать
enormous [ı'nɔːməs] *a* громадный, огромный
enough [ı'nʌf] *a* достаточный; *n* достаточное количество; *adv* достаточно; довольно
entangled [ın'tæŋgld] *a* запутавшийся, сбитый с толку, растерянный
entirely [ın'taıəlı] *adv* всецело, совершенно
entrance ['entrəns] *n* вход
escape [ıs'keıp] *v* бежать; избежать (*опасности*); *n* выход
evidently ['evıdəntlı] *adv* несомненно
exact [ıg'zækt] *a* точный, аккуратный
excellent ['eksələnt] *a* превосходный
except [ık'sept] *prep* исключая, кроме
execution [ˌeksı'kjuːʃən] *n* выполнение; исполнение; казнь; экзекуция
existence [ıg'zıstəns] *n* существование
explain [ıks'pleın] *v* объяснять
expression [ıks'preʃən] *n* выразительность; экспрессия; выражение
extraordinary [ıks'trɔːdnrı] *a* необычайный; экстраординарный
extra ['ekstrə] *a* дополнительный
extremely [ıks'triːmlı] *adv* крайне

F
fade [feıd] *v* стираться; fade away постепенно исчезать; угасать
failure ['feıljə] *n* неудача, провал
faintly ['feıntlı] *adv* слабо, едва
fairly ['feəlı] *adv* справедливо; достаточно, довольно
fairy-tale ['feərıteıl] *n* сказка
fall [fɔːl] (fell; fallen) *v* падать; опускаться
fallen ['fɔːlən] *p. p. om* fall
familiarly [fə'mıljəlı] *adv* фамильярно
fan [fæn] *n* веер; *v* освежать; обмахивать (*веером и т. п.*)
fancy ['fænsı] *v* воображать, представлять себе
fear [fıə] *n* страх, боязнь; опасение; *v* бояться; опасаться
feather ['feðə] *n* перо

feeble ['fiːbl] *a* слабый; хилый
feel [fiːl] (felt) *v* чувствовать; feel tired чувствовать себя усталым; ощущать
feet [fiːt] *pl om* foot
fell [fel] *past om* fall
felt [felt] *past u p. p. om* feel
fender ['fendə] *n* каминная решётка
ferret ['ferıt] *n* хорёк
fetch [fetʃ] *v* принести, привести; сходить (*за кем-л., чем-л.*)
fidget ['fıdʒıt] *v* ёрзать, суетиться
fill [fıl] *v* наполнять, заполнять; насыщать; наполняться
find [faınd] (found) *v* находить; обнаруживать; find out обнаружить, узнать; раскрыть
finger ['fıŋgə] *n* палец
finish ['fınıʃ] *v* кончать; прекращать; кончаться, заканчиваться; прекращаться
fit [fıt] *v* годиться, быть впору
flame [fleım] *n* пламя
flapper ['flæpə] *n* ласт (*тюленя, моржа*)
flash [flæʃ] *v* вспыхнуть, сверкнуть; мелькнуть; пронестись
flat [flæt] *a* плоский, ровный; fall flat упасть плашмя
flavour ['fleıvə] *n* вкус (*обыкн. приятный*); привкус
fling [flıŋ] (flung) *v* бросать, кидать; швырять; бросаться, кидаться
flock [flɒk] *v* держаться стаей, стадом; толпиться
flown [fləun] *p. p. om* fly
fly [flaı] (flew; flown) *v* летать; пролетать
flung [flʌŋ] *past, p. p. om* fling
flurry ['flʌrı] *v* волновать, возбуждать
fluster ['flʌstə] *v* волновать; волноваться; возбуждаться
flutter ['flʌtə] *v* бить (*крыльями*); порхать
fold [fəuld] *v* складывать, сгибать; fold one's arms скрещивать руки
follow ['fɒləu] *v* следовать, идти (за)
foot [fut] *n* нога; ступня
footman ['futmən] *n* (ливрейный) лакей
footstep ['futstep] *n* шаг
forehead ['fɒrıd] *n* лоб
fortunately ['fɔːtʃnıtlı] *adv* к счастью
found [faund] *past u p. p. om* find

fountain ['fauntın] *n* фонтан
fright [fraıt] *n* испуг; страх
frightened ['fraıtnd] *a* напуганный
frown [fraun] *v* хмурить брови
frying-pan ['fraıŋpæn] *n* сковорода
fumble ['fʌmbl] *v* нащупывать
furious ['fjuərıəs] *a* свирепый; неисто-
вый; бешеный
furrow ['fʌrəu] *n* борозда; глубокая
морщина; *v* морщить
further ['fɜ:ðə] (*сравн. ст. от* far) *adv*
дальше; далее; затем; *a* более от-
далённый; дополнительный

G
gain [geın] *v* получать; приобретать;
достигать; извлекать выгоду
general ['dʒenərəl] *a* общий; in general
вообще; обычный
generally ['dʒenərəlı] *adv* обычно; вообще, в общем смысле
get [get] (got) *v* получать; достигать
giddy ['gıdı] *a* головокружительный
glance [glɑ:ns] *v* взглянуть; glance over
бегло просматривать
glare [gleə] *v* ослепительно сверкать;
glare at свирепо смотреть
globe [gləub] *n* земной шар
gloomily ['glu:mılı] *adv* мрачно; уны-
ло, хмуро; подавленно
glove [glʌv] *n* перчатка
graceful ['greısfəl] *a* грациозный
gravely ['greıvlı] *adv* серьёзно; сте-
пенно
graze [greız] *v* пасти; пастись
grin [grın] *v* скалить зубы; усмехать-
ся; *n* оскал (*при улыбке*); усмешка
grow [grəu] (grew; grown) *v* расти, рас-
тить, выращивать; увеличиваться
growl [graul] *v* рычать
grumble ['grʌmbl] *v* ворчать
grunt [grʌnt] *v* хрюкать; ворчать
guard [gɑ:d] *n* стража, охрана
guess [ges] *v* угадывать; предполагать
guilt [gılt] *n* виновность, вина
guinea-pig ['gınıpıg] *n* морская свинка

H
handsome ['hænsəm] *a* красивый
handwriting ['hænd,raıtıŋ] *n* почерк

hang [hæŋ] (hung) *v* висеть
hardly ['hɑ:dlı] *adv* едва; едва ли; с трудом
harm [hɑ:m] *n* вред, ущерб
hastily ['heıstılı] *adv* поспешно
hatch [hætʃ] *v* высиживать (*птенцов*);
вылупливаться (*о птенцах*); *n* вы-
водок
hatter ['hætə] *n* шляпник
hear [hıə] (heard) *v* слышать; слушать,
выслушивать; узнавать (*о чём-л.*)
hearthrug ['hɑ:θrʌg] *n* коврик перед
камином
hedge [hedʒ] *n* (живая) изгородь
hedgehog ['hedʒhɒg] *n* ёж
height [haıt] *n* высота; вышина, рост
herald ['herəld] *n* герольд; предвестник
hint [hınt] *n* намёк
hiss [hıs] *v* шипеть
hit [hıt] (hit) *v* ударять; попадать в цель
hoarse [hɔ:s] *a* хриплый
hollow ['hɒləu] *a* пустой, полый
hookah ['hukə] *n* кальян
hot-tempered [,hɒt'tempəd] *a* вспыльчивый, горячий, несдержанный;
раздражительный
housemaid ['hausmeıd] *n* горничная
howl [haul] *v* выть, завывать
humbly ['hʌmblı] *adv* скромно, робко
hunt [hʌnt] *v* охотиться
hurry ['hʌrı] *v* торопить; торопиться
hurt [hɜ:t] (hurt) *v* повредить; причи-
нять боль

I
idea [aı'dıə] *n* идея, мысль
ignorant ['ıgnərənt] *a* невежественный
imitate ['ımıteıt] *v* подражать; имити-
ровать
immediately [ı'mi:djətlı] *adv* непосред-
ственно; немедленно, тотчас же
immense [ı'mens] *a* необъятный; огромный, громадный
impatiently [ım'peıʃəntlı] *adv* нетерпеливо
impertinent [ım'pɜ:tınənt] *a* дерзкий,
нахальный
incessantly [ın'sesntlı] *adv* непрерыв-
но, непрестанно
inch [ıntʃ] *n* дюйм

incline [ɪn'klaɪn] v наклонять; склонять; наклоняться

indeed [ɪn'di:d] adv в самом деле, действительно

indignantly [ɪn'dɪgnəntlɪ] adv с негодованием

injure ['ɪndʒə] v повредить

inkstand ['ɪŋkstænd] n чернильница

inquisitively [ɪn'kwɪzɪtɪvlɪ] adv с назойливым любопытством

instance ['ɪnstəns] n пример; for instance например

instantly ['ɪnstəntlɪ] adv тотчас, немедленно

instead [ɪn'sted] adv вместо этого

insult [ɪn'sʌlt] v оскорблять, наносить оскорбление

interrupt [ˌɪntə'rʌpt] v прерывать

introduce [ˌɪntrə'dju:s] v вводить; представлять, знакомить

invent [ɪn'vent] v изобретать; выдумывать

invitation [ˌɪnvɪ'teɪʃən] n приглашение

inwards ['ɪnwədz] adv внутрь; внутренне; про себя

irritated ['ɪrɪteɪtɪd] a раздражённый

J

jar [dʒɑ:] n кувшин; банка

jelly-fish ['dʒelɪfɪʃ] n медуза

jog [dʒɒg] v толкать, подталкивать

join [dʒɔɪn] v соединять; присоединяться

judge [dʒʌdʒ] n судья

jug [dʒʌg] n кувшин

juror ['dʒuərə] n присяжный заседатель; член жюри

jury-box ['dʒuərɪˌbɒks] n место присяжных заседателей в суде

justice ['dʒʌstɪs] n правосудие

K

kick [kɪk] v ударять ногой; лягать

kid [kɪd] a лайковый

knave [neɪv] n валет

knee [ni:] n колено

kneel [ni:l] (knelt, kneeled) v стоять на коленях; kneel down становиться на колени

knelt [nelt] past u p. p. om kneel

knock [nɒk] v стучаться; бить, стучать

knot [nɒt] n узел

knowledge ['nɒlɪdʒ] n познания, знания

knuckle ['nʌkl] n сустав (пальца); v: knuckle down уступать

L

label ['leɪbl] n ярлык; этикетка; v наклеивать ярлыки

ladder ['lædə] n приставная лестница

laid [leɪd] past u p. p. om lay

lay [leɪ] (laid) v класть; положить

languid ['læŋgwɪd] a вялый; безжизненный

lap [læp] n колени

lately ['leɪtlɪ] adv недавно; за последнее время

Latin ['lætɪn] a латинский

latitude ['lætɪtju:d] n геогр. широта

laugh [lɑ:f] n смех; v смеяться

lazy ['leɪzɪ] a ленивый

leap [li:p] n прыжок, скачок

learn [lɜ:n] (learnt, learned) v учиться; узнавать; знакомиться

learnt [lɜ:nt] past u p. p. om learn

least [li:st] a наименьший; at least по крайней мере

leave [li:v] (left) v уезжать, уходить

ledge [ledʒ] n выступ; риф

length [leŋθ] n длина; расстояние; at length наконец

lie [laɪ] (lay; lain; pres. p. lying) v лежать

livery ['lɪvərɪ] n ливрея

lizard ['lɪzəd] n ящерица

lobster ['lɒbstə] n омар, морской рак

lodge [lɒdʒ] v приютить; квартировать

long [lɒŋ] v страстно желать; стремиться; тосковать

longitude ['lɒndʒɪtju:d] n геогр. долгота

loose [lu:s] a свободный

lose [lu:z] (lost) v терять; лишаться

loud [laud] a громкий; adv громко

low [ləu] a низкий, невысокий; слабый; тихий (о голосе)

lullaby ['lʌləbaɪ] n колыбельная песня

M

mad [mæd] a сумасшедший, безумный

magpie ['mægpaɪ] n сорока

majesty ['mædʒɪstɪ] *n* (Majesty) величество (*титул*)
mallet ['mælɪt] *n* деревянный молоток
manage ['mænɪdʒ] *v* справляться, уметь обращаться; ухитряться
march [mɑ:tʃ] *v* маршировать
marked [mɑ:kt] *a* помеченный
mean [mi:n] (meant) *v* значить; предназначать; иметь в виду
meant [ment] *past u p. p. om* mean
meanwhile [,mi:n'waɪl] *adv* между тем, тем временем
measure ['meʒə] *n* мера; *v* измерять
meekly ['mi:klɪ] *adv* кротко; смиренно
melancholy ['melənkəlɪ] *a* грустный
mention ['menʃən] *v* упоминать
merely ['mɪəlɪ] *adv* просто, только; единственно
mind [maɪnd] *n* память; ум; мнение; мысль; *v* возражать
mineral ['mɪnərəl] *n* минерал
mischief ['mɪstʃɪf] *n* вред; зло; беда
miserable ['mɪzərəbl] *a* жалкий; несчастный
miss [mɪs] *v* скучать (*по кому-л.*); промахиваться, не попадать в цель
morsel ['mɔːsəl] *n* кусочек
mournfully ['mɔːnfəlɪ] *adv* печально
mouse-trap ['maʊstræp] *n* мышеловка
move [mu:v] *v* двигать; двигаться
muddle ['mʌdl] *n* путаница, неразбериха
multiplication [,mʌltɪplɪ'keɪʃən] *n* умножение
mustard ['mʌstəd] *n* горчица
mutter ['mʌtə] *v* бормотать; невнятно говорить

N

narrow ['nærəʊ] *a* узкий; тесный
natural ['nætʃrəl] *a* естественный, натуральный
neighbour ['neɪbə] *n* сосед; соседка
nervous ['nɜːvəs] *a* нервный; be nervous (about smth.) очень волноваться
never ['nevə] *adv* никогда
nevertheless [,nevədə'les] *adv* всё же, как бы то ни было; однако; *cj* несмотря на; тем не менее

nibble ['nɪbl] *v* откусывать маленькими кусочками; надкусывать
nod [nɒd] *n* кивок; дремота; *v* кивать головой; дремать
noise [nɔɪz] *n* шум
nonsense ['nɒnsəns] *n* вздор; бессмыслица; пустяки
nothing ['nʌθɪŋ] *n* ничто, ничего
notice ['nəʊtɪs] *v* замечать
notion ['nəʊʃən] *n* понятие; представление; мнение
nurse [nɜːs] *v* нянчить (*ребёнка*)

O

oblige [ə'blaɪdʒ] *v* обязывать; заставлять; (*обыкн.* pass): be obliged to быть обязанным
oblong ['ɒblɒŋ] *a* продолговатый
occasional [ə'keɪʒənl] *a* случайный; редкий
occur [ə'kɜː] *v* иметь место, случаться; приходить на ум; попадаться
odd [ɒd] *a* странный, необычный
offend [ə'fend] *v* обижать, оскорблять
offer ['ɒfə] *v* предлагать
once [wʌns] *adv* (один) раз; однажды; некогда, когда-то; once upon a time когда-то; at once сразу, тотчас
opinion [ə'pɪnjən] *n* мнение
opportunity [,ɒpə'tjuːnɪtɪ] *n* удобный случай
opposite ['ɒpəzɪt] *a* противоположный; *adv, prep* напротив; против
order ['ɔːdə] *v* заказывать, приказывать; *n* приказ
otherwise ['ʌðəwaɪz] *adv* иначе; в противном случае
ought [ɔːt] *v* должен бы; должна бы, должно бы, должны бы; мне бы, вам бы и т. п. следовало
out-of-the-way ['aʊtəvðə'weɪ] *a* редкий; необычный
overhead ['əʊvə'hed] *adv* наверху; над головой; *a* верхний
own [əʊn] *a* свой, собственный
oyster ['ɔɪstə] *n* устрица

P

pace [peɪs] *n* шаг; длина шага; скорость, темп

pack [pæk] *n* колода (*карт*)

paint [peɪnt] *v* красить, окрашивать

pale [peɪl] *a* бледный; слабый

pant [pænt] *v* тяжело дышать, задыхаться

parchment [ˈpɑːtʃmənt] *n* пергамент; рукопись на пергаменте

pardon [ˈpɑːdn] *n* прощение, извинение; beg one's pardon просить прощения; *v* прощать

particular [pəˈtɪkjʊlə] *a* особенный; особый; *n* деталь, подробность; in particular в особенности; в частности

passage [ˈpæsɪdʒ] *n* проход, проезд; коридор

passionate [ˈpæʃənɪt] *a* вспыльчивый, невыдержанный

patiently [ˈpeɪʃəntlɪ] *adv* терпеливо

patter [ˈpætə] *v* барабанить; топотать

pattern [ˈpætən] *n* рисунок, узор

paw [pɔː] *n* лапа

pebble [ˈpebl] *n* голыш, галька

peep [piːp] *v* взглядывать украдкой; заглядывать

peer [pɪə] *v* всматриваться; вглядываться

peg [peg] *n* вешалка

pence [pens] (*pl om* penny) *n* пенсы

perhaps [pəˈhæps, præps] *adv* может быть, возможно

persist [pəˈsɪst] *v* упорствовать

personal [ˈpɜːsnl] *a* личный

pigeon [ˈpɪdʒɪn] *n* голубь

pinch [pɪntʃ] *v* щипать

piteous [ˈpɪtɪəs] *a* жалкий

pity [ˈpɪtɪ] *n* жалость; сожаление

plainly [ˈpleɪnlɪ] *adv* ясно; просто

plead [pliːd] (pleaded, pled) *v* умолять

pleasure [ˈpleʒə] *n* удовольствие

plenty [ˈplentɪ] *n* изобилие, избыток; plenty (of) много, множество

point [pɔɪnt] *v* указывать, показывать; нацеливать, наводить

poison [ˈpɔɪzn] *n* яд; отрава

poker [ˈpəʊkə] *n* кочерга

poky [ˈpəʊkɪ] *a* маленький, тесный

pool [puːl] *n* лужа; омут

pour [pɔː] *v* лить; наливать; разливать

powdered [ˈpaʊdəd] *a* напудренный

practice [ˈpræktɪs] *n* практика; тренировка, упражнение

pray [preɪ] *v* молиться; умолять

present [ˈpreznt] *a* присутствующий; настоящий, нынешний

presently [ˈprezntlɪ] *adv* сейчас

pretend [prɪˈtend] *v* притворяться

pretext [ˈpriːtekst] *n* предлог, отговорка

prevent [prɪˈvent] *v* предотвращать; мешать, препятствовать (from)

prison [ˈprɪzn] *n* тюрьма

proceed [prəˈsiːd] *v* продолжать

procession [prəˈseʃən] *n* процессия

produce [prəˈdjuːs] *v* предъявлять; производить; вырабатывать

promise [ˈprɒmɪs] *n* обещание; *v* обещать

proper [ˈprɒpə] *a* присущий, свойственный (to); правильный; надлежащий; приличный

proposal [prəˈpəʊzəl] *n* предложение

protection [prəˈtekʃən] *n* защита, охрана; охранение

proud [praʊd] *a* гордый; be proud of гордиться (*чем-л.*); надменный

prove [pruːv] *v* доказывать; удостоверять

provoking [prəˈvəʊkɪŋ] *a* досадный

puff [pʌf] *v* пыхтеть

punch [pʌntʃ] *v* ударять кулаком

punish [ˈpʌnɪʃ] *v* наказывать

purple [ˈpɜːpl] *a* багряный; пурпурный

purpose [ˈpɜːpəs] *n* намерение; цель

purr [pɜː] *n* мурлыканье; *v* мурлыкать

puzzle [ˈpʌzl] *n* загадка, головоломка; недоумение; *v* озадачить

Q

quarrel [ˈkwɒrəl] *n* ссора; *v* ссориться

queer [kwɪə] *a* странный; подозрительный

quite [kwaɪt] *adv* вполне, совсем; quite a lot of довольно много

quiver [ˈkwɪvə] *n* дрожь; трепет; *v* дрожать; трепетать

R

rabbit [ˈræbɪt] *n* кролик

rabbit-hole [ˈræbɪthəʊl] *n* кроличья нора

ran [ræn] *past om* run
rapidly ['ræpɪdlɪ] *adv* быстро, скоро
rap [ræp] *v* слегка ударять
rate [reɪt] *n* норма; разряд, класс; сорт;
at any rate во всяком случае
raven ['reɪvn] *n* ворон
rave [reɪv] *v* говорить бессвязно; бушевать
reach [ri:tʃ] *v* протягивать; вытягивать;
доставать; достигать
read [ri:d] (read) *v* читать
rear [rɪə] *v* поднимать (*голову, руку*);
становиться на дыбы
recognise ['rekəgnaɪz] *v* узнавать; признавать
recover [rɪ'kʌvə] *v* возвращать себе;
получать обратно
reduce [rɪ'dju:s] *v* уменьшать; сокращать
reed [ri:d] *n* тростник, камыш
refreshments [rɪ'freʃmənts] *pl* закуски
и напитки
refuse [rɪ'fju:z] *v* отказывать; отказываться
regular ['regjulə] *a* правильный; регулярный; обычный
relieve [rɪ'li:v] *v* облегчать
remain [rɪ'meɪn] *v* оставаться
remark [rɪ'mɑ:k] *n* замечание; заметка; *v* замечать
remarkable [rɪ'mɑ:kəbl] *a* замечательный
remedy ['remɪdɪ] *n* средство, мера
remember [rɪ'membə] *v* помнить, вспоминать
remove [rɪ'mu:v] *v* передвигать; устранять; удалять
repeat [rɪ'pi:t] *v* повторять
reply [rɪ'plaɪ] *n* ответ; *v* отвечать
resource [rɪ'sɔ:s] *n* средство
respectable [rɪs'pektəbl] *a* порядочный, почтенный; приличный
retire [rɪ'taɪə] *v* удаляться; уходить
return [rɪ'tɜ:n] *v* возвращать; возвращаться
riddle ['rɪdl] *n* загадка
ridge [rɪdʒ] *n* высокая грядка
ridiculous [rɪ'dɪkjuləs] *a* нелепый, смехотворный
ringlet ['rɪŋlɪt] *n* локон

ripe [raɪp] *a* зрелый
ripple ['rɪpl] *v* покрываться рябью
roar [rɔ:] *v* реветь, орать; грохотать
rock [rɒk] *n* скала, утёс
roll [rəul] *v* вращать, катить; вращаться; катиться; качаться
roof [ru:f] *n* крыша
root [ru:t] *n* корень
row [rəu] *n* ряд
royal ['rɔɪəl] *a* королевский
rub [rʌb] *v* тереть; потирать
rude [ru:d] *a* грубый
rumble ['rʌmbl] *v* громыхать
run [rʌn] (ran; run) *v* бегать; бежать
rush [rʌʃ] *v* бросаться; мчаться, нестись

S

salmon ['sæmən] *n* лосось
saucepan ['sɔ:spən] *n* кастрюля
saucer ['sɔ:sə] *n* блюдце
savage ['sævɪdʒ] *a* дикий; жестокий
save [seɪv] *v* спасать; экономить
scale [skeɪl] *n* чаша весов
scold [skəuld] *v* бранить
scramble ['skræmbl] *v* ползти, карабкаться
scratch [skrætʃ] *v* царапать, скрести; чесать; царапаться; чесаться
scream [skri:m] *v* кричать, визжать
scroll [skrəul] *n* свиток
seal [si:l] *n* тюлень; морской котик
search [sɜ:tʃ] *n* поиски; *v* искать
seem [si:m] *v* казаться
seldom ['seldəm] *adv* редко
sensation [sen'seɪʃən] *n* ощущение; сенсация
sense [sens] *n pl* сознание, рассудок; разум; смысл; значение
sentence ['sentəns] *n* приговор
serpent ['sɜ:pənt] *n* змея
settle ['setl] *v* принимать решение; поселяться; устраиваться
several ['sevrəl] *a* несколько
severely [sɪ'vɪəlɪ] *adv* строго; сурово
severity [sɪ'verɪtɪ] *n* суровость; строгость; жестокость
shade [ʃeɪd] *n* тень
shake [ʃeɪk] (shook; shaken) *v* трясти, встряхивать; to shake one's head покачать головой

shaped [ʃeɪpt] *a* имеющий определённую форму

sharply [ˈʃɑːplɪ] *adv* остро; отчётливо; резко, пронзительно

shed [ʃed] (shed) *v* ронять; проливать (*слёзы*)

shepherd [ˈʃepəd] *n* пастух

shift [ʃɪft] *v* сдвигать; перемещать; меняться; перемещаться

shilling [ˈʃɪlɪŋ] *n* шиллинг

shiver [ˈʃɪvə] *n* дрожь, трепет, содрогание; *v* дрожать, трястись

shook [ʃʊk] *past от* shake

shoulder [ˈʃəʊldə] *n* плечо

shout [ʃaʊt] *n* крик; *v* кричать

shriek [ʃriːk] *n* пронзительный крик; *v* пронзительно кричать

shrill [ʃrɪl] *a* резкий, пронзительный; *v* пронзительно кричать, визжать

shrimp [ʃrɪmp] *n* креветка

shrink [ʃrɪŋk] (shrank, shrunk; shrunk, shrunken) *v* сжиматься

sigh [saɪ] *n* вздох; *v* вздыхать

sight [saɪt] *n* зрение; поле зрения

sign [saɪn] *v* подписывать; подписываться

signify [ˈsɪgnɪfaɪ] *v* означать; иметь значение

silence [ˈsaɪləns] *n* тишина; молчание

simpleton [ˈsɪmpltən] *n* простак

since [sɪns] *prep* с; *cj* с тех пор как; так как, поскольку

size [saɪz] *n* размер, величина

skim [skɪm] *v* скользить по поверхности

slate [sleɪt] *n* грифельная доска

sleepy [ˈsliːpɪ] *a* сонный; сонливый

slight [slaɪt] *a* незначительный, лёгкий, слабый

slip [slɪp] *v* скользить; поскользнуться

slippery [ˈslɪpərɪ] *a* скользкий

slowly [ˈsləʊlɪ] *a* медленный; тихий; медлительный; *adv* медленно

snappishly [ˈsnæpɪʃlɪ] *adv* раздражительный

snatch [snætʃ] *v* хватать

sneeze [sniːz] *v* чихать

snort [snɔːt] *n* фырканье; *v* фыркать

snout [snaʊt] *n* рыло

sob [sɒb] *n* рыдание; всхлипывание; *v* рыдать; всхлипывать

solemn [ˈsɒləm] *a* торжественный

sole [səʊl] *n* подмётка

solid [ˈsɒlɪd] *a* твёрдый; прочный

somersault [ˈsʌməsɔːlt] *n* сальто

soothe [suːð] *v* успокаивать, утешать

sorrow [ˈsɒrəʊ] *n* печаль, горе; *v* горевать, печалиться

sorrowful [ˈsɒrəʊfəl] *a* печальный

sound [saʊnd] *n* звук, шум; *v* звучать

sour [ˈsaʊə] *a* кислый

spade [speɪd] *n* лопата

spectacles [ˈspektəklz] *pl* очки

speed [spiːd] *n* скорость; быстрота

splash [splæʃ] *n* брызги *мн.*; плеск; пятно; *v* брызгать; брызгаться

splendidly [ˈsplendɪdlɪ] *adv* великолепно, роскошно; замечательно

sprawl [sprɔːl] *v* растянуться

spread [spred] (spread) *v* расстилать; развёртывать; простираться

squeak [skwiːk] *v* пищать; скрипеть

squeeze [skwiːz] *v* выжимать, давить; прижимать

stalk [stɔːk] *v* шествовать, гордо выступать

stamp [stæmp] *v* топать ногами

startle [ˈstɑːtl] *v* испугать; поразить

state [steɪt] *n* состояние, положение

steam-engine [ˈstiːmˌendʒɪn] *n* паровая машина

sternly [ˈstɜːnlɪ] *adv* строго, сурово

stiff [stɪf] *a* тугой, негибкий

stingy [ˈstɪndʒɪ] *a* скупой

stir [stɜː] *v* размешивать

stocking [ˈstɒkɪŋ] *n* чулок

stool [stuːl] *n* табурет

stoop [stuːp] *v* наклоняться; сутулиться

straight [streɪt] *a* прямой; правильный; *adv* прямо; немедленно

stretch [stretʃ] *v* тянуть, вытягивать; натягивать

strike [straɪk] (struck, struck, stricken) *v* ударять, наносить удар; поражать

string [strɪŋ] *n* верёвка

struck [strʌk] *past u p. p. от* strike

stupid [ˈstjuːpɪd] *a* глупый

subdue [səbˈdjuː] *v* покорять; подавлять

submit [səbˈmɪt] *v* подчиняться

succeed [səkˈsiːd] *v* следовать; преуспевать, достигать цели

suddenly ['sʌdnlɪ] *adv* внезапно, вдруг
suit [sjuːt] *v* годиться; соответствовать, подходить
sulky ['sʌlkɪ] *a* хмурый, надутый
suppose [sə'pəʊz] *v* предполагать; полагать; считать
suppress [sə'pres] *v* подавлять, пресекать
surprise [sə'praɪz] *n* удивление; неожиданность; сюрприз; *v* застать врасплох; удивлять, поражать
surprised [sə'praɪzd] *a* удивленный
swallow ['swɒləʊ] *v* глотать
swam [swæm] *past om* swim
swim [swɪm] (swam; swum) *v* плавать, плыть

T
tail [teɪl] *n* хвост
tale [teɪl] *n* рассказ; история
tart [tɑːt] *n* сладкий пирог
taste [teɪst] *v* пробовать; иметь вкус
taught [tɔːt] *past u p. p. om* teach
teach [tiːtʃ] (taught) *v* учить, обучать; преподавать
teapot ['tiːpɒt] *n* чайник
tear [tɪə] *n* слеза
tear [teə] (tore; torn) *v* рвать; разрывать; царапать; ранить
telescope ['telɪskəʊp] *n* телескоп
temper ['tempə] *n* характер; настроение; lose one's temper выйти из себя
terror ['terə] *n* ужас
thatch [θætʃ] *v* крыть соломой
thimble ['θɪmbl] *n* напёрсток
thing [θɪŋ] *n* вещь; дело; существо
think [θɪŋk] (thought) *v* думать; мыслить; считать, полагать
thistle ['θɪsl] *n* чертополох
though [ðəʊ] *adv* всё-таки; однако же; *cj* хотя
thought *past u p. p. om* think
thoughtfully ['θɔːtfəlɪ] *adv* задумчиво
thousand ['θaʊzənd] *num* тысяча
threw [θruː] *past om* throw
throat [θrəʊt] *n* горло
throne [θrəʊn] *n* трон
through [θruː] *prep* через; сквозь; из-за; *adv* насквозь
throw [θrəʊ] (threw; thrown) *v* бросать; кидать

thunder ['θʌndə] *n* гром
thunderstorm ['θʌndəstɔːm] *n* гроза
tight [taɪt] *a* плотный; тесный
timid ['tɪmɪd] *a* робкий
tiny ['taɪnɪ] *a* крошечный
tip [tɪp] *v* опрокидывать, вываливать
tiptoe ['tɪptəʊ]: on tiptoe на цыпочках
tired ['taɪəd] *a* утомленный
titter ['tɪtə] *v* хихикать
toast [təʊst] *n* подрумяненный ломтик хлеба; гренок
toffee ['tɒfɪ] *n* ириска
tonight [tə'naɪt] *adv* сегодня вечером
tore [tɔː] *past om* tear
tortoise ['tɔːtəs] *n* черепаха
toss [tɒs] *v* бросать; подбрасывать
trample ['træmpl] *v* топтать
treacle ['triːkl] *n* патока
tread [tred] (trod; trodden) *v* ступать; топтать; наступать
treat [triːt] *v* обращаться (*с кем-л.*); угощать
tremble ['trembl] *v* дрожать, трепетать
trial ['traɪəl] *n* суд, судебное разбирательство
trickle ['trɪkl] *v* капать
triumphantly [traɪ'ʌmfəntlɪ] *adv* торжествующе; с ликованием
trot [trɒt] *v* бежать рысью
trouble ['trʌbl] *n* проблема, затруднительное положение
trumpet ['trʌmpɪt] *n* труба
truthful ['truːθfl] *a* правдивый; верный, правильный
tuck [tʌk] *v* подсовывать, подворачивать; подгибать; прятать
tumble ['tʌmbl] *v* падать; бросаться
tunnel ['tʌnl] *n* туннель
turkey ['tɜːkɪ] *n* индейка
turn [tɜːn] *v* вертеть, поворачивать; оборачиваться; поворачиваться; становиться, превращаться; turn away отворачиваться
turn-up ['tɜːnʌp] *a* загнутый, курносый
turtle ['tɜːtl] *n* черепаха
twice [twaɪs] *adv* дважды
twinkle ['twɪŋkl] *v* мерцать, сверкать; мигать
twist [twɪst] *v* крутить, сплетать(ся); вертеть; поворачивать(ся)

U

ugly ['ʌglɪ] *a* уродливый, безобразный; неприятный; противный

uncommon [ʌn'kɒmən] *a* редкий, необычный; необыкновенный

uncork [ˌʌn'kɔ:k] *v* откупоривать

underneath [ˌʌndə'ni:θ] *adv* вниз; внизу; ниже

understand [ˌʌndə'stænd] (understood) *v* понимать; предполагать

undertone ['ʌndətəʊn] *n* полутон; speak in undertones говорить вполголоса

uneasily [ʌn'i:zɪlɪ] *adv* неудобно; смущённо; неловко

unwillingly [ʌn'wɪlɪŋlɪ] *adv* неохотно

upright ['ʌpraɪt] *a* вертикальный, прямой

upset I [ʌp'set] (upset) *v* опрокидывать(ся); расстраивать, огорчать

upset II [ʌp'set] *a* расстроенный; встревоженный

usual ['ju:ʒʊəl] *a* обыкновенный, обычный

V

vague [veɪg] *a* неопределённый, неясный, смутный; неуловимый

vanish ['vænɪʃ] *v* исчезать, пропадать

variation [ˌveərɪ'eɪʃn] *n* изменение, перемена; разновидность; вариант

various ['veərɪəs] *a* различный

velvet ['velvɪt] *n* бархат

venture ['ventʃə] *v* рисковать; отваживаться

verdict ['vɜ:dɪkt] *n* вердикт; решение присяжных

verse [vɜ:s] *n* строфа; стих

very ['verɪ] *adv* очень; *a* тот самый

vinegar ['vɪnɪgə] *n* уксус

violently ['vaɪələntlɪ] *a* сильно; бурно

vote [vəʊt] *v* голосовать

vulgar ['vʌlgə] *a* грубый; вульгарный

W

wag [wæg] *v* махать

waist [weɪst] *n* талия

waistcoat ['weɪstkəʊt] *n* жилет

walrus ['wɔ:lrəs] *n* морж

wander ['wɒndə] *v* блуждать; бродить; путешествовать, гулять

warning ['wɔ:nɪŋ] *n* предостережение; предупреждение

wave [weɪv] *v* махать; сделать знак (*рукой*); колыхаться

wear [weə] (wore; worn) *v* носить (*одежду и т. п.*); надевать; (*тж.* wear out) изнашивать

wearily ['wɪərɪlɪ] *adv* утомительно; скучно; устало

well [wel] *n* колодец

whether ['weðə] *cj* ли

whiskers ['wɪskəz] *n pl* усы (*кошки, крысы и т. п.*)

whisper ['wɪspə] *n* шёпот; *v* шептать

whistle ['wɪsl] *n* свист; свисток; *v* свистеть

whiting ['waɪtɪŋ] *n* беление; лосось

wig [wɪg] *n* парик

wind [wɪnd] *n* ветер

wing [wɪŋ] *n* крыло

wink [wɪŋk] *v* моргать, мигать

wish [wɪʃ] *n* желание; *v* желать

wit [wɪt] *n* ум

without [wɪ'ðaʊt] *prep* без

witness ['wɪtnəs] *n* очевидец; свидетель

wonder ['wʌndə] *n* чудо; удивление; *v* удивляться; желать знать; I wonder интересно

wore [wɔ:] *past om* wear

worm [wɜ:m] *n* червяк, червь

worry ['wʌrɪ] *v* надоедать; беспокоиться

worth [wɜ:θ] *a predic* стóящий; заслуживающий

wrap [ræp] *v* завёртывать, закутывать

wretched ['retʃɪd] *a* несчастный

wriggle ['rɪgl] *v* извиваться

Y

yawn [jɔ:n] *v* зевать

yell [jel] *v* кричать, вопить

yelp [jelp] *v* лаять, визжать

Z

zigzag ['zɪgzæg] *n* зигзаг